Introdução à formação em teologia

SÉRIE PRINCÍPIOS DE TEOLOGIA CATÓLICA

inter
saberes

Introdução
à formação em teologia

Larissa Fernandes Menegatti

Rua Clara Vendramin, 58 . Mossunguê
CEP 81200-170 . Curitiba . PR . Brasil
Fone: (41) 2106-4170
www.intersaberes.com
editora@intersaberes.com

Conselho editorial
Dr. Alexandre Coutinho Pagliarini
Drª Elena Godoy
Dr. Neri dos Santos
Dr. Ulf Gregor Baranow

Editora-chefe
Lindsay Azambuja

Gerente editorial
Ariadne Nunes Wenger

Assistente editorial
Daniela Viroli Pereira Pinto

Preparação de originais
Ana Maria Ziccardi

Edição de texto
Arte e Texto
Larissa Carolina de Andrade

Capa e projeto gráfico
Iná Trigo (*design*)
Tatiana Kasyanova/Shutterstock (imagem)

Diagramação
Débora Gipiela

Equipe de *design*
Débora Gipiela

Iconografia
Sandra Lopis da Silveira
Regina Claudia Cruz Prestes

1ª edição, 2020.

Foi feito o depósito legal.

Informamos que é de inteira responsabilidade da autora a emissão de conceitos.

Nenhuma parte desta publicação poderá ser reproduzida por qualquer meio ou forma sem a prévia autorização da Editora InterSaberes.

A violação dos direitos autorais é crime estabelecido na Lei n. 9.610/1998 e punido pelo art. 184 do Código Penal.

Dados Internacionais de Catalogação na Publicação (CIP)
(Câmara Brasileira do Livro, SP, Brasil)

Menegatti, Larissa Fernandes
 Introdução à formação em teologia/Larissa Fernandes Menegatti. Curitiba: InterSaberes, 2020. (Série Princípios de Teologia Católica)

 Bibliografia.
 ISBN 978-65-5517-737-4

 1. Teologia – Ensino bíblico 2. Teologia – Estudo e ensino I. Título II. Série.

20-40212   CDD-230.607

Índices para catálogo sistemático:
1. Teologia bíblica: Estudo e ensino   230.607
 Maria Alice Ferreira – Bibliotecária – CRB-8/7964

Sumário

Apresentação, 13
Como aproveitar ao máximo este livro, 17

1   Conceito, natureza e objeto da teologia, 21

1.1   Conceito da teologia, 25
1.2   Natureza da teologia, 27
1.3   Objeto da teologia, 30
1.4   Teologia como ciência, 33
1.5   Teologia e outros saberes, 36

2   Panorama histórico da teologia, 47

2.1   Teologia-fonte, 51
2.2   Teologia patrística, 52
2.3   Teologia escolástica, 58
2.4   Teologia moderna, 62
2.5   Teologia contemporânea, 66

3	Fontes da teologia, 79
3.1	Sagrada Escritura, 82
3.2	Tradição, 84
3.3	Magistério, 87
3.4	Lugares teológicos, 90
3.5	Experiência de fé, 94

4	Teologia como força vital, 105
4.1	Do Mistério, 108
4.2	Da sabedoria, 110
4.3	Do compromisso social, 112
4.4	Dos valores e virtudes, 114
4.5	Da santidade, 116

5	Disciplinas teológicas, 129
5.1	Unidade e pluralidade das disciplinas teológicas, 134
5.2	Teologia bíblica, 136
5.3	Teologia sistemática, 138
5.4	Teologia prática, 142
5.5	Outras disciplinas importantes, 146

6	Perfil do teólogo cristão, 157
6.1	Fé objetiva e subjetiva, 160
6.2	Espiritualidade, 164
6.3	Intelectualidade, 167
6.4	Eclesialidade, 173
6.5	Coerência de vida como tensão constante, 175

Considerações finais, 187
Lista de siglas, 193
Referências, 195
Bibliografia comentada, 203
Sobre a autora, 213

A você, que tomou este livro como companheiro
para iniciar o caminho da teologia.

Minha gratidão a Deus, razão do meu laborioso
empenho nesta obra.

À minha família, especialmente ao meu esposo
e aos meus filhos.

À Comunidade Arca da Aliança, minha comunidade,
onde vivo e celebro a minha fé.

"De vossos mandamentos corro a estrada porque vós me dilatais o coração" (Sl 118:32).

Apresentação

O cenário teológico apresentou, ao longo dos séculos, uma relação intensa entre a fé e a razão, expressando a inter-relação entre essas duas instâncias que se invocam mutuamente, a fim de, com mãos entrelaçadas, compreenderem-se e compreenderem o mundo. Essa relação passou, e passa, por fases marcadas pela admiração recíproca, pela paixão avassaladora que, por vezes, parece sufocar uma ou outra, seguida pelo estranhamento e certo distanciamento entre ambas, e, por fim, a estada no amor maduro, em que as duas aprendem a conviver, reconhecendo a singularidade de cada uma e enriquecendo mutuamente.

Na Idade Antiga, o axioma teológico de Santo Agostinho (354-430) *intellige ut credas, crede ut intelligas*[1] – compreendo para crer e creio para compreender, em português – procedeu do encontro entre o logos grego e a sabedoria judaico-cristã. Com essa expressão, Agostinho

---

[1] Essa é uma expressão latina encontrada, originalmente, no Sermão 43 de Santo Agostinho.

pretendeu conciliar as duas realidades, retornando "à questão principal da Patrística, ou seja, ao problema das relações entre a razão e a fé, entre o que se sabe pela convicção interior e o que se demonstra racionalmente, entre a verdade revelada e a verdade lógica, entre a religiosidade cristã e a filosofia pagã" (Santo Agostinho, 1980, p. 17). Como resultado, teve origem uma nova configuração de ordem cultural e epistemológica em todo o Ocidente que perdurou até a cristandade.

Na Idade Média, o axioma de Santo Anselmo de Cantuária (1033-1109) *fides quaerens intellectum* – em português, a fé que busca entender – desenvolveu uma teologia com rigor científico, de acordo com os padrões da época. Nesse axioma, exprime-se a inteligência da fé que pretende compreender sua própria *ratio* (razão) como uma ação inerente à sua natureza mais profunda. O ápice desse movimento dialético entre razão e fé se manifestou, abertamente, em São Tomás de Aquino (1225-1274).

Na Idade Moderna, experimentou-se uma fase em que a fé e a razão se encaravam bruscamente, parecendo, para muitos, que a separação era necessária e inevitável. Efetivamente, ambas precisavam distanciar-se um pouco para, paradoxalmente, reconhecerem-se de novo em sua singularidade, buscando, por meio de um diálogo maduro, a sadia harmonia. De fato, a teologia fundamenta-se na fé, pois não se pode prescindir dela na tarefa teológica; todavia a teologia não se resolve na fé, pois também não pode ser confundida com ela.

> Segundo Guardini, reconstruir a unidade da existência cristã não é uma empresa árdua ou presunçosa, porque aqueles valores espirituais (filosofia, arte, ciência, política etc.) com que frequentemente foi colocada em conflito pelo pensamento moderno, não lhe são de maneira alguma estranhos; pelo contrário, são valores que afundam suas raízes no próprio cristianismo; melhor, são frutos do cristianismo, dos quais o mundo moderno apropriou-se ilegitimamente (Mondin, 1979, p. 74-75)

Nessa perspectiva, essa relação amadurece se estabelecendo com vivo rigor, mas não com rigidez impenetrável. A afinação perfeita da teologia cristã se dá à luz da revelação divina feita por sua autocomunicação no Verbo que se fez carne e habitou entre nós (Jo 1:14)[2]. Nele, se esclarece, definitivamente, o enigma da condição humana (VD, n. 6). Paradoxalmente, na teologia cristã, a busca de Deus é o encontro com o humano.

Esta obra se destina a você, que aspira adentrar no caminho da teologia e busca uma via, uma porta, que lhe seja aberta e o coloque de frente para onde seus passos almejam seguir. Os objetivos que pretendemos com ela são levá-lo ao conhecimento da teologia como atividade da razão e da fé; à compreensão de que o teólogo é aquele que interpreta a experiência humana à luz da fé e que a reconhece como raiz da teologia. Para isso, apresentaremos a correlação da teologia com os demais ramos das diversas ciências, divisando suas principais correntes teológicas ao longo da história.

No Capítulo 1, apresentaremos o conceito, a natureza e o objeto específico da teologia. Assim como nas outras ciências, esse tripé fundamenta a epistemologia teológica. Na teologia, desenvolvemos o conhecimento da razão guiada pela fé, que busca compreender o Deus revelado em Jesus Cristo, assim como o impacto desse conhecimento vital para a existência humana.

No Capítulo 2, analisaremos as principais fases da teologia por meio de um panorama histórico. Descreveremos as características da visão teológica de cada período para indicar o quanto a reflexão teológica é influenciada pelo contexto sociocultural e religioso em que nasceu.

No Capítulo 3, explicitaremos as fontes da teologia, lugares de onde flui e cresce a reflexão teológica. De um lado, apontando para o próprio Deus, como a fonte da vida e da teologia, evidenciaremos Jesus Cristo como o revelador do Pai. De outro lado, a imagem simbólica da fonte,

---

[2] Todas as passagens bíblicas indicadas neste capítulo são citações de Bíblia (1995).

remete àquele que tem sede, ilustrando a figura do estudante de teologia que deseja beber dessa água viva enquanto lê uma obra de introdução à teologia.

No Capítulo 4, refletiremos sobre a dimensão capital da teologia, a fim de fazê-la pensar para além das categorias meramente teórico-científicas. Assim, mostraremos a teologia como força vital do Mistério, da sabedoria, do compromisso social, dos valores e virtudes e da santidade. A medida dessa força teológica fundamenta-se em Jesus Cristo, na sua vida e nos seus ensinamentos.

No Capítulo 5, explicaremos as disciplinas teológicas que formam o núcleo fundamental de estudo. O ponto de partida é compreender a unidade e a pluralidade dessas disciplinas. Dividimos a teologia em grandes áreas – como teologia bíblica, teologia teórico-sistemática e teologia prática – e em subáreas – como estudo dos textos bíblicos, das línguas e da história bíblica, teologia fundamental, teologia dogmática, teologia moral, liturgia, direito canônico e pastoral – para, em seguida, situar melhor as disciplinas. Embora essa não seja a única forma de organizar uma grade curricular, trata-se de um desenho que possibilita mapear as zonas de estudo e pesquisa teológicas.

Para concluir, no Capítulo 6, destacaremos as características primordiais que compõem o perfil do teólogo cristão. Trata-se de aspectos relevantes para uma teologia profícua, que desempenha, seriamente, a relação teoria e prática. O foco da reflexão não é o teólogo galgar o cume de ser uma autorreferência, mas de explicitar a importância de uma busca coerente à teologia refletida.

Desejamos que você aprecie e saboreie o cardápio oferecido ao longo desta obra. O intuito foi elaborar um conteúdo densamente nutritivo e saboroso. Sugerimos que, para uma boa digestão, mastigue bem cada página, com a ajuda do grande Mestre interior, o Espírito Santo. E bom apetite (intelectual e espiritual).

Como aproveitar ao máximo este livro

Empregamos nesta obra recursos que visam enriquecer seu aprendizado, facilitar a compreensão dos conteúdos e tornar a leitura mais dinâmica. Conheça a seguir cada uma dessas ferramentas e saiba como elas estão distribuídas no decorrer deste livro para bem aproveitá-las.

Introdução

Logo na abertura do capítulo, informamos os temas de estudo e os objetivos de aprendizagem que serão nele abrangidos, fazendo considerações preliminares sobre as temáticas em foco.

Toda ciência pressupõe um conceito, uma natureza e um objeto específico de estudo, e é sobre esse tripé que se desenvolve o conhecimento em torno de uma disciplina. Teologia e fé são realidades distintas, mas não separadas. A teologia subentende o conhecimento da razão guiada pela fé, que se esforça em compreender melhor o Deus revelado em Jesus Cristo e as consequências dessa revelação para a existência humana.

Em outras palavras, a teologia cristã, em sua mais alta autenticidade, sabe valer-se das outras ciências, reconhecendo a transcendência da fé como sua especificidade. Portanto, para um teólogo estar aberto ao diálogo e ao conhecimento de outros saberes, é preciso saber transitar nesses espaços com humildade verdadeira, consciente de que muito se pode aprender e crescer na reflexão teológica, todavia com uma viva consciência conceitual e vivencial da natureza teológica e de seu objeto, que se distingue e, por essa razão, pressupõe critérios hermenêuticos muito próprios em relação aos outros saberes.

Síntese

Neste capítulo, defendemos que, para estudar a teologia, é necessário identificar seu caráter fundamental, sua natureza e seu objeto, explicando de que maneira ela se constitui como uma ciência e se estabelece em diálogo com outros saberes.

Como conceito, partindo da raiz grega da palavra, a teologia significa, basicamente, "ciência, palavra sobre Deus". Esse já era um termo utilizado antes da era cristã, designando o estudo de Deus e/ou dos deuses nas narrativas mitológicas do mundo greco-romano. A filosofia grega entendia a teologia como metafísica. No cristianismo, embora haja nuances históricas, a teologia é compreendida como ciência divina que se volta para o mistério de Deus revelado em Jesus Cristo. Trata-se de uma teologia capaz de ser companheira do ser humano contemporâneo e de todas as épocas, em sua trajetória de vida.

A natureza da teologia incide em ter presente que sua matéria-prima é Deus, que se revela na história humana, se expressa na narrativa bíblica e se interpreta autenticamente em Igreja. A teologia possui uma natureza sapiencial (sentir), marcada pelo aspecto simbólico

Síntese

Ao final de cada capítulo, relacionamos as principais informações nele abordadas a fim de que você avalie as conclusões a que chegou, confirmando-as ou redefinindo-as.

Atividades de autoavaliação

1. Qual o significado da expressão sobre a fé *Intellige ut credas, crede ut intelligas*, de Santo Agostinho?
   a. A inteligência da fé e a fé inteligente.
   b. Compreendo para crer e creio para compreender.
   c. Creio para saber e sei mais para crer.
   d. Seja inteligente e creia, creia e seja inteligente.
   e. Interiorizo aquilo que creio, creio naquilo que interiorizo.

2. Considerando que o conceito de teologia, no cristianismo primitivo, tornou-se o ponto central da teologia cristã até nossos dias, analise as afirmações a seguir:
   - O conceito de teologia era compreendido como o estudo de Deus e/ou dos deuses em outras perspectivas, como nas narrativas mitológicas do mundo greco-romano.
   - O conceito de teologia era compreendido como ciência divina que se volta ao mistério de Deus revelado em Jesus Cristo.
   - O conceito de teologia era compreendido como um conhecimento específico de caráter filosófico voltado às causas necessárias e eternas.
   - O conceito de teologia era compreendido como doutrina sagrada, ciência divina, sagrada página.
   - O conceito de teologia era compreendido como conhecimento metafísico de todas as coisas.

Assinale a alternativa que apresenta a resposta correta:
   a. Apenas as afirmativas III e V são verdadeiras.
   b. Apenas a afirmativa II é verdadeira.
   c. Apenas as afirmativas I e IV são verdadeiras.
   d. Todas as afirmativas são verdadeiras.
   e. Nenhuma das alternativas é verdadeira.

Atividades de autoavaliação

Apresentamos estas questões objetivas para que você verifique o grau de assimilação dos conceitos examinados, motivando-se a progredir em seus estudos.

Atividades de aprendizagem

Questões para reflexão

1. Como aprofundamento deste capítulo, leia o trecho do artigo "Conselhos a um jovem teólogo", de Clodovis Boff (1999, p. 79-80, grifo do original):

> 1º Conselho: Antes de falar de Deus ponha-se de joelhos e fale com Deus. Essa é a maicimiáo de base para qualquer nos teologia. Poder-à também formulá-la assim: Não se atreva a fazer teologia sem antes ter feito a "experiência de Deus". A teologia, antes de ser teologia racional, é "teologia genuflexa", é "teologia orante" (cf. pp. 129-136). Salba, querido jovem, que o sermão mais primitivo de "teologia", antes da sociedade religiosa que nos regrava essa paravnra, era literalmente "palavra sobre Deus" (*theo-loghia*). Refere-se a um "discurso de Deus", a uma "mensagem sobre Deus" ou ainda a um "hino de glorificação a Deus". Portanto, a teologia tem, em sua raiz etimológica, o sermão de oração e de louvação (cf. pp. 548-9).
>
> A quão está! a teologia hà de guardar a natureza de sua raiz: a fé. Ora, a fé prática é uma relação de nu a Tu, uma relação que muda a pessoa. Ela é, antes de tudo, não um saber o nem mesmo um agir, mas realmente um **novo modo de existir**: viver em Cristo, ter no amor de Deus, caminhar no Espírito. E, pois, a partir desse ser novo, desse nude nova, desse coração novo, que se dá também um novo amandimento e em seguida uma nova prática. Assim, a radio teológica é uma razão convertida, iluminada e transfigurada pela comunhão vital com o Deus vivo (cf. p. 28-29).
>
> Ani o supremo de ciências a teologia parte da **experiência**: a experiência de Deus pela fé e pelo amor. "Quem não viver não saperimentará, e quem não tiver experimentado não compreenderá" - disse o grande Sto. Anselmo (cf. p. 130).

Atividades de aprendizagem

Aqui apresentamos questões que aproximam conhecimentos teóricos e práticos a fim de que você analise criticamente determinado assunto.

Bibliografia comentada

BÍBLIA. Português. Bíblia de Jerusalém. São Paulo: Paulus, 1995.

A Sagrada Escritura é a alma e o fim de toda a teologia cristã, em grande parte da moral e de todas as questões de estudos da humana. É uma tradução feita por vários hebraístas e confere com a edição de Sagrada Escritura mais apreciada como tal hoje. Ela apresenta as introduções das críticas e dos tratativos dos textos originais, com valiosos comentários bíblicos, assim como introduções, notas de rodapé e mapas tanto do Antigo quanto do Novo Testamento.

BOFF, C. Teoria do método teológico: versão didática. 6. ed. Petrópolis: Vozes, 2014.

O teólogo, Clodovis Boff, é resultado e um refinado, um conceituado introdutor da teologia cristã no Brasil e na América Latina. Em versão didática, neste volume, o autor apresenta uma síntese do método teológico. Traça um panorama histórico de toda a teologia cristã. Sua disposição fundamenta os clássicos de teologia, do magistério eclesial e sistémico.

Bibliografia comentada

Nesta seção, comentamos algumas obras de referência para o estudo dos temas examinados ao longo do livro.

1
Conceito, natureza e objeto da teologia

Toda ciência pressupõe um conceito, uma natureza e um objeto específico de estudo, e é sobre esse tripé que se desenvolve o conhecimento em torno de uma disciplina. Teologia e fé são realidades distintas, mas não separadas. A teologia subentende o conhecimento da razão guiada pela fé, que se esforça em compreender melhor o Deus revelado em Jesus Cristo e as consequências dessa revelação para a existência humana.

A Comissão Teológica Internacional, em seu documento *Teologia Hoje: Perspectivas, Princípios e Critérios*, apresenta as várias formas de assimilar o conteúdo da fé e esclarece, de modo sucinto, a perspectiva teológica no sentido estrito do termo.

> O *intellectus fidei* assume várias formas na vida da Igreja e na comunidade dos crentes, de acordo com os diferentes dons dos fiéis (*lectio divina*, meditação, pregação, teologia como ciência etc.). Torna-se teologia, no sentido estrito, quando o crente se compromete a apresentar o conteúdo do mistério cristão de uma forma racional e científica. A teologia é, portanto, *scientia Dei* na medida em que é uma participação racional no conhecimento de que Deus tem de si mesmo e de todas as coisas. (CTI, 2012, n. 18)

Nesse dinamismo, a teologia integra fé e razão, na esteira de Santo Agostinho: compreendendo para crer e crendo para compreender. A preposição *para* liga os verbos *crer* e *compreender* atribuindo a eles o sentido de finalidade recíproca. Em outras palavras, à medida que se avança na compreensão, deve-se avançar na fé e vice-versa.

No entanto, a fé não é somente conhecimento racional, isso seria um conceito equivocado, como se bastasse apenas saber para crer. Segundo Guardini (citado por Mondin, 1979, p. 82), a fé não reside tanto na ampliação do conhecimento como domínio da verdade e de seus princípios, mas no novo direcionamento dado à existência, inclusive, de ordem intelectiva, rumo ao vertical, respondendo à expressão litúrgica: corações ao alto!

Contudo, como afirma a carta de Pedro, é preciso saber dar razões da nossa esperança, razões da nossa fé àqueles que nos pedem ou necessitam (I Pd 3:15)[1]. Essa elaboração já não é a fé puramente, mas a teologia que aprofunda e argumenta as razões dessa fé. Para isso, neste primeiro capítulo, abordaremos o conceito teológico, assim como a natureza e o objeto da teologia. Em seguida, delinearemos a teologia entendida como ciência e em diálogo com outros saberes.

---

1 Todas as passagens bíblicas indicadas neste capítulo são citações de Bíblia (1995).

1.1 Conceito da teologia

A palavra *teologia* é originária da junção dos termos gregos *théos*, que significa "Deus", e *logos*, que significa "palavra", "estudo", "ciência"; logo, ela significa, basicamente, *ciência, palavra sobre Deus*. Antes mesmo da era cristã, o termo *teologia* já designava o estudo de Deus e/ou dos deuses em outras perspectivas, como nas narrativas mitológicas do mundo greco-romano. Os filósofos gregos compreendiam a teologia como um conhecimento específico de caráter filosófico voltado às causas necessárias e eternas, muito próprio da metafísica. Para Aristóteles, o conceito de ciência tinha um caráter teleológico, no sentido de que procurava explicar as causas últimas desse conhecimento.

No cristianismo primitivo, o conceito de teologia era compreendido como ciência divina que se volta para o mistério de Deus revelado em Jesus Cristo. Esse se tornou o ponto central da teologia cristã. A partir do século IV, com os Padres capadócios Basílio, Gregório de Nissa e Gregório de Nazianzo, o estudo teológico se distinguiu em duas perspectivas: a primeira para o estudo *ad intra* de Deus, ou seja, com foco no ser uno-trino de Deus; e a segunda para o estudo *ad extra* de Deus, ou seja, com foco no agir salvífico de Deus, em sua atuação na história humana (Boff, 2014, p. 120).

Na Idade Média, a teologia se referia à totalidade da fé cristã, ainda que, nesse período, se utilizassem muito mais os termos *doutrina sagrada, ciência divina, sagrada página* etc. Santo Tomás distinguiu dois tipos de ciência: um tipo fundamenta-se sobre suas próprias evidências, como as primeiras da geometria; outro se refere àquelas que tomam emprestadas as comprovações de ciências próximas, como a física, que se baseia em fundamentos emprestados da matemática. Assim, a teologia toma os seus princípios da própria ciência de Deus, ou seja, recebe-os de Deus por meio da Revelação e eles são assumidos por meio da fé (Tomás de Aquino, 2016a, p. 28).

As transformações do período moderno atingiram a Igreja e, no Concílio Vaticano I (1846-1878), ela respondeu com a Constituição dogmática *Dei Filius*, apresentando os princípios fundamentais da fé católica numa perspectiva teológica neoescolástica, como tentativa de retomada da cristandade medieval. Esse clima eclesial defensivo ante a sociedade moderna se estendeu por quase um século.

Movimentos de resgate das fontes bíblicas e patrísticas do cristianismo começaram a desabrochar a vida eclesial, como sinal de novo florescimento na Igreja. Compreendia-se que a autenticidade da Igreja no mundo dependeria de sua capacidade de diálogo, fortalecida pela consciência de sua natureza e missão. O Concílio Vaticano II (1962-1965) marcou esse novo dinamismo eclesial como exigência interna de sua identidade, que parte de uma compreensão de suas fontes originais e, consequentemente, transborda para a sua missão e serviço a Deus no mundo.

Em relação a isso, Romano Guardini (1885-1968), citado por Mondin (1979), considerou que há uma espécie de fratura no pensamento moderno que pode, nocivamente, influenciar a teologia. Em contrapartida, ele colocou o elemento primordial, que garantiria uma teologia conceitual, capaz de conversar com o ser humano contemporâneo, acompanhando-o na trajetória da vida.

> A unidade da consciência da vida, mesmo nos cristãos fiéis, decaiu amplamente. O crente não está mais com sua fé na unidade do mundo, nem encontra a realidade do mundo em sua fé. E faz dessa laceração uma virtude amarga, elaborando, se nos é consentida a expressão vulgar, uma fé quimicamente pura e esforçando-se depois em ver nela a autêntica forma do ato de fé. É uma fé áspera e corajosa, mas não devemos esquecer que representa um estado de necessidade. Para salvar a redenção do Filho, sacrificou a criação do Pai... Mas é uma fé que perdeu sempre mais seu contato com o mundo e, portanto, está sempre menos em condições de abarcar e plasmar o mundo. (Guardini, citado por Mondin, 1979, p. 74)

Para Karl Rahner (citado por Mondin, 1979, p. 112-113), a Revelação é compreendida como autocomunicação universal de Deus, cuja doutrina reflete em sucessivas consequências para a teologia, partindo da autoconsciência transcendente de que o ser humano é um mistério que só Deus pode preencher. Nessa perspectiva, a teologia cristã é concebida como a formulação explícita daquilo que o ser humano sente, existencialmente, dentro de si e, muitas vezes, não sabe decifrar.

Assim, compreende-se que a teologia consiste numa reflexão metodologicamente elaborada a respeito de Deus, que se manifesta na sua relação com o ser humano na história sob o prisma da fé. De fato, ela não se restringe aos teólogos formados academicamente, mas, de modo específico, torna-se tarefa destes exibirem e debaterem argumentos que fundamentem as questões de fé e de vida.

Nessa perspectiva, a teologia está sempre em busca da verdade, ainda que não a detenha de forma cabal e completa, pois vale sempre lembrar: a teologia não é um saber absoluto, mas um saber sobre o Absoluto. Tomar consciência dessa verdade coloca Deus e nós no lugar que ambos precisamos estar para que a teologia assuma seu papel como um serviço sem pretensões equivocadas: ou do teólogo achar, por vezes, que é Deus, ou, ainda, de achar que o conhecimento teológico seja suficiente e substituível a qualquer outro conhecimento humano.

1.2 Natureza da teologia

Para compreender a natureza da teologia cristã, é necessário aprofundar as verdades reveladas à luz de uma razão iluminada pela fé. Esse é um dado distintivo em relação às demais ciências, como pressuposto teológico. Antes de desenvolver qualquer reflexão teológica, precisamos ter presente que a matéria-prima da teologia é Deus, que se revela na história humana, se expressa na narrativa bíblica e se interpreta, autenticamente, em Igreja. Para a teologia, a fé precede a razão e é dom do próprio Deus que se revela. Deus entra em diálogo com o ser humano e este lhe responde com um ato de fé, ou seja, de confiança e de entrega. É essa atitude de fé que caracteriza a adesão existencial do ser humano a Deus.

A teologia cristã é composta por dimensões que se integram dinamicamente, mas cada dimensão, observada distintamente e em consonância com as outras dimensões, exprime a natureza do pensamento teológico. A primeira dimensão é **sapiencial** (sentir), caracterizada pelos aspectos simbólico e estético que apresentam o sentido humano e cósmico da vida por meio do senso do Mistério. A segunda dimensão é **racional** (pensar), por exigir um rigor mais acurado e sistemático do intelecto sobre as razões da fé, por isso ela se apresenta, nesse aspecto, como uma ciência. A terceira dimensão é de **ordem prática** (fazer), por provocar que a teologia resulte no agir, como luz profética sobre as situações históricas e sinal vivo de esperança no mundo.

> Para a teologia, a fé precede a razão e é dom do próprio Deus que se revela. Deus entra em diálogo com o ser humano e este lhe responde com um ato de fé, ou seja, de confiança e de entrega. É essa atitude de fé que caracteriza a adesão existencial do ser humano a Deus.

O elemento integrante e original do conhecimento teológico é a vida (Boff, 2014, p. 72), pois se trata de um conhecimento essencial que busca compreender o Mistério revelado e suas consequências para a existência humana e para todo o cosmos. Libanio e Murad (2003, p. 89-90) descrevem a natureza da linguagem teológica, que transcende a linguagem comum e a linguagem científica, de modo que seja válido transcrevê-la aqui para entendê-la melhor:

> A linguagem da teologia não se coaduna bem com nenhuma das duas. Vai além da linguagem corriqueira. Mas não se deixa prender nas malhas da linguagem objetivista, fria, neutra das ciências. Prefere a linguagem simbólica, ama o ícone. Sente-se bem no universo da

liturgia. Fala à inteligência, mas pretende aquecer as fibras do coração, provocar a conversão, levar à ação sob a luz da fé e o imperativo do amor. Sua linguagem orienta-se a promover o ato de fé, centrado no diálogo existencial entre Deus e o teólogo no interior da comunidade de fé. Sua linguagem põe-se a serviço dessa vida, dessa prática e não de interesses de alguma instituição ou comunidade científica.

Como podemos notar, a natureza da teologia integra, dinamicamente, a linguagem comum, capaz de comunicar seus postulados revelando-se aos pequenos e humildes (Mt 11:25-30), e a linguagem científica, que, por seu caráter sistemático, específico e dialético, contribui, reciprocamente, com outros saberes. Mas o fato é que a linguagem humana fica sempre aquém do Mistério sobre o qual ela procura discorrer. Essa tensão oscilante na teologia apresenta-se em duas abordagens distintas: a teologia apofática e a teologia catafática. O dicionário enciclopédico de teologia define a teologia apofática como:

> o sistema teológico que procede por negações, recusando-se progressivamente a referir a Deus os atributos tomados do mundo sensível e inteligível, para aproximar-se de Deus – que está além de todas as coisas criadas e de todo conhecimento relativo a elas – transcendendo todo e qualquer conhecimento e conceito. (Spiteris, 2003, p. 41)

Por sua vez, a teologia catafática é definida como:

> o procedimento teológico mediante o qual se referem a Deus os conceitos relativos aos nomes com os quais ele é indicado: tais conceitos, extraídos dos seres derivados de Deus, podem ser aplicados a Deus como causa primeira de todas as coisas, não podendo, porém exprimir adequadamente sua natureza. (Spiteris, 2003, p. 41)

Assim, a **teologia apofática**, própria do Oriente, encerra-se no silêncio do Mistério ou esbarra em paradoxos ininteligíveis; já a **teologia catafática**, própria do Ocidente, ousa declarar e verbalizar o mistério explicitamente (Libanio; Murad, 2003, p. 90), mas esbarra no limite de dizê-lo incompletamente ou ainda erroneamente. Embora se atribua a predominância de cada uma dessas linguagens a uma cultura específica, oriental e ocidental, não significa que cada uma seja produzida exclusivamente pela tradição citada; ambas se complementam e abrangem o grande legado da teologia cristã.

Nesse panorama, devemos ter presente o aspecto dedutivo, objetivo, da teologia (*fides quae*[2]) e o seu aspecto indutivo, subjetivo (*fides qua*[3]), visto que ambos os aspectos são necessários ao equilíbrio relativo ao sentir, o pensar e o fazer teológico. Assim, o trabalho teológico se desenvolve na confluência recíproca entre o esforço intelectivo racional e o aspecto afetivo e espiritual. "Daí que a teologia *comme il faut* não pode ser racionalista (osso sem carne), nem simplesmente espiritualista (carne sem osso), mas ambas as coisas, conjuntamente" (Boff, 2015, p. 116).

1.3 Objeto da teologia

Todo conhecimento tem um objeto específico que direciona a atenção do estudo, sobre o qual se debruçam a pesquisa, a observação e a reflexão em relação ao tema proposto. Por exemplo: se a sua área de conhecimento é a biologia, você terá como objeto primário o estudo da vida e refletirá sobre determinados temas com base nessa premissa. Todavia, o processo de investigação na teologia difere das outras ciências pelo fato de não se debruçar, diretamente, sobre o objeto de estudo, como se pudesse colocá-lo sobre a mesa de um laboratório. Na teologia, é o objeto que se dá a conhecer pela Revelação, e a atitude do teólogo

---

[2] *Fides quae* indica o conteúdo da fé revelada, aceito pelo crente, em caráter objetivo da fé eclesial.

[3] *Fides qua* indica a fé como sentido e experiência do Deus revelado, em caráter subjetivo da fé pessoal.

consiste em colocar-se sob – e não sobre – Ele, pois transcende a toda forma de manipulação, ainda que seja apenas de observação.

Sinteticamente, diríamos que o objeto da teologia é Deus. Segundo Santo Tomás (Suma Teológica, v. 1, q. 1, art. 7,2, p. 30), "a sagrada doutrina tudo trata com referência a Deus, por tratar, ou do mesmo Deus ou das coisas que lhe digam respeito, como princípio ou fim". A teologia clássica distingue essa afirmação em *objeto material* (a coisa em si que se estuda) e *objeto formal* (a perspectiva que se dá para o estudo desse objeto). O objeto material é a realidade própria sobre a qual a teologia se volta: Deus (objeto material primário) e as realidades por Ele criadas em seu desígnio salvador (objeto material secundário). O objeto formal designa a razão iluminada ou guiada pela fé, ou seja, o Deus revelado em Jesus Cristo.

Santo Anselmo de Cantuária (1033-1109), sintetizando a dinâmica da fé e da razão no saber/fazer teológico, diz que a teologia trata da fé que busca compreender. Boff (2014, p. 17), seguindo esse pensamento, dirá que a fonte objetiva da teologia é "a fé que ama saber" e, consequentemente, o amor que nasce da fé deseja saber as razões porque ama. Logo, a fonte subjetiva da teologia é, para ele, o ser humano, cujo espírito deseja conhecer, inclusive, os elementos da fé.

Um olhar simplista pode, com isso, definir que teologia consiste em falar de Deus, assim como falam de Deus as ciências da religião. De fato, são áreas do conhecimento muito próximas, mas com abordagens distintas. Zampieri (2004) faz uma colocação relevante para que saibamos de fato diferenciar teologia e ciências da religião. Elas podem conversar e contribuírem-se reciprocamente, porém, a distinção de uma e de outra deve salvaguardar a especificidade de ambas.

> Há reducionismo epistemológico quando se pensa que se está fazendo teologia só por que se fala de DEUS, sem reparar o COMO se (Zampieri, 2004, p. 15) fala de DEUS. Reduz-se assim o fazer

teológico ao objeto e não se contempla a forma. Nesse sentido se cai no ramo das ciências da religião e não propriamente na teologia. (Zampieri, 2004, p. 15)

Na teologia, a apreensão do objeto, tanto numa percepção especulativa intelectual quanto numa percepção experiencial e existencial, nunca é total. Não se pode abarcar o Mistério, pois ele sempre nos transcende, ele sempre transborda o recipiente que tenta contê-lo. "Se compreendeste, não é Deus. Se imaginaste compreender, compreendeste não Deus, mas apenas uma representação de Deus. Se tens a impressão de tê-lo quase compreendido, então foste enganado por tua reflexão" (Sermão 52, n. 16: PL 38, 360, citado por Baruffi, 2018).

Essa premissa teológica tem adentrado a consciência no processo do conhecimento humano em geral, em que o objeto tem o primado sobre o sujeito. Em outras palavras, é a própria realidade, não estática, não imóvel, que ensina ao ser humano, interpelando-o constantemente, como afirma Boff (2015, p. 115):

> É a própria realidade que ensina ao homem. Para isso, ele precisa estar disposto a aprender. É a "docilidade ao real". Não que o homem permaneça diante da realidade como um aluno passivo. Antes, ele traz consigo toda sorte de interrogações na forma de preocupações, desejos e suspeitas. Só assim ele poderá assimilar as lições das coisas. No aprendizado há, pois, uma dialética, na qual o objeto só ensina enquanto é interrogado. E isso vale também para a teologia.

Para atenuar nossas possíveis pretensões e presunções no caminho da teologia, vale tomarmos o exemplo do doutor angélico São Tomás de Aquino, que, tomando consciência do limite do seu saber e da transcendência divina, confessou ao final de sua vida: "Tudo o que escrevi me parece palha perto do que me foi revelado"(citado por Libanio; Murad, 2003, p. 105).

Todavia, essa consciência originalmente humilde não deve se confundir com o álibi do comodismo: "não há nada a fazer"; ou, ainda, com o álibi da irracionalidade: "o importante é o coração". É necessário colocar nossa inteligência e nossa vontade ao serviço de Deus, da Igreja e da humanidade e empenhar-se, bravamente, no estudo teológico em vista do salutar proveito que a teologia pode trazer, não somente no aspecto utilitário presente, mas também salvífico escatológico; não somente no aspecto ético, mas também estético da fé e da vida como uma profecia sempre atual do mundo como um todo.

1.4 Teologia como ciência

A teologia é uma ciência? Se o único conceito de ciência for o da ciência moderna (testes, laboratório, medidas, pesquisas empíricas), a teologia não se enquadra! Isso porque ela não é somente objetiva. Quem pensa a fé está, integralmente, envolvido no processo, pois crê naquilo que pesquisa. A teologia não seria ciência, pois seu objeto (Deus, a fé etc.) escapa da verificação, não sendo empírico nem mensurável. As provas em teologia encerram-se sempre em ato de fé, como a ressurreição de Jesus Cristo e tantas outras verdades teológicas. Não é em vão que dizemos tratar-se de uma verdade de fé.

Mas, além de um conceito restrito científico, a teologia é ciência, pois tem, objetivamente, elementos que a compõem como tal: "linguagem específica (conceitos, categorias), lógica interna, sistematização, pesquisadores que passam por uma formação acadêmica longa, comunidade científica que critica e valida o trabalho do teólogo(a), produção de livros, artigos e revistas, congressos" (Guerra, 2018, p. 2).

> As provas em teologia encerram-se sempre em ato de fé, como a ressurreição de Jesus Cristo e tantas outras verdades teológicas. Não é em vão que dizemos tratar-se de uma verdade de fé.

Lagrange (citado por Mondin, 1979, p. 37-38) esclarece que "a teologia não é uma ciência natural, nem quanto ao objeto, nem quanto ao sujeito, nem quanto ao método". Primeiro, o objeto não foca a natureza, mas Deus e aquilo que, em certa medida, é visto em relação a Ele. Segundo, quanto ao sujeito, a teologia pressupõe disposições sobrenaturais, como a fé. Terceiro, quanto ao método, a teologia não se embasa nas comprovações empíricas, e sim na autoridade da revelação divina.

Historicamente, constata-se uma pretensão moderna de exorcizar a fé e a religião da sociedade, bastando apenas, no lugar do culto a Deus, que "obscurecia" as mentes, o culto à razão, proposto pelo Iluminismo. Essa visão racionalista e cientificista, de certo modo, travou o desenvolvimento da ciência na expansão do conhecimento, limitando suas perspectivas. Segundo Gomes (2017, p. 121): "Diante de um universo em evolução, a fé revelada ajuda a ciência a conviver com a incompletude e a ambiguidade, e a desenvolver as suas pesquisas com uma visão esperançosa da realidade".

Como já dissemos, a teologia é, dialeticamente, um saber sapiencial, racional e prático-profético porque se compreende em caráter objetivo e racional com base no dado da Revelação, mas também intuitivo, poético, narrativo, com base no dado humano da experiência histórica e existencial. A racionalidade teológica pressupõe que a fé não está confinada ao mundo dos sentimentos, do intimismo, nem limitada a uma visão fria e calculista da vida, mas transcende esses reducionismos e se alarga abraçando a vida em sua complexidade.

Para não cairmos no empirismo científico, não se deve engessar a produção teológica ao recinto da ciência formatada na modernidade aos moldes da razão instrumental cartesiana. Exatamente por seu objeto material, distintamente singular, a teologia se faz com o emprego de todas as faculdades humanas sob o influxo da graça divina que age e potencializa todas elas.

Santo Tomás de Aquino apresentou os aspectos que conferem à teologia o conceito de ciência: primeiro, ela goza de unidade, cujos objetos partem em comum da Revelação; segundo, tem um caráter especulativo e, ao mesmo tempo, prático; terceiro, como resultado dos dois anteriores, supera as demais ciências; por fim, por sua finalidade visar à bem-aventurança, é também uma "sabedoria". A Suma Teológica de Santo Tomás traz, desde o início, que o princípio que diferencia a teologia das outras ciências é a Revelação.

> A doutrina sagrada é ciência. Porém, cumpre saber que há dois gêneros de ciências. Umas partem de princípios conhecidos à luz natural do intelecto, como a aritmética, a geometria e semelhantes. Outras provêm de princípios conhecidos por ciência superior; como a perspectiva, de princípios explicados na geometria, e a música, de princípios aritméticos. E deste modo é ciência a doutrina sagrada, pois deriva de princípios conhecidos à luz duma ciência superior, a saber: a de Deus e dos santos. Portanto, como aceita a música os princípios que lhe fornece o aritmético, assim a doutrina sagrada tem fé nos princípios que lhe são por Deus revelados. (Tomás de Aquino, Suma Teológica, q. 1, art. 2,2)

Como podemos ver em Tomás de Aquino, "a fé não elimina a razão, como também, inversamente, a razão não alimenta nenhuma pretensão de alcançar a fé ou de igualar-se a ela" (Sesboüé, 2006, p. 83). Anselmo de Cantuária (1033-1109) retoma a tarefa de Santo Agostinho de que a fé deve compreender o que professa (*fides quaerens intellectum*), que significa, basicamente, "a fé que busca compreender". Contudo, desempenha essa tarefa dialeticamente entre a inteligência da fé (patrística) e a razão (escolástica).

As justificativas de crer ou de não crer implicam, paradoxalmente, tanto uma quanto outra. À busca da razoabilidade, "os fiéis sempre interiorizam como questão intrínseca à fé aquilo que os não crentes objetam do exterior, como obstáculo a ela. Uns insistem nas razões porque creem; outros nas razões porque não creem. Todos, porém, estão envolvidos na mesma busca racional" (Sesboüé, 2006, p. 78).

Essa busca do intelecto (*intusllegere*) caracteriza-se não apenas por rasas deduções, frias e precipitadas, mas também se insere numa leitura mais profunda do conhecimento humano. Libanio e Murad (2003, p. 87) apresentam a teologia, ante as exigências da ciência, em perspectiva dialógica. Dialeticamente, propõem uma atitude autônoma da teologia em relação à ciência, tendo em si mesma seus postulados. Assim, compreende-se que ela é ciência, garantindo sua especificidade.

Desse modo, a inteligência da fé conciliada com uma sadia racionalidade científica, contribui na superação de uma compreensão limitada de ambas as instâncias para uma abertura maior e mais fecunda da racionalidade no campo da fé, ampliando as possibilidades do conhecimento humano. Para tanto, por parte da teologia, exige-se também uma postura dialogicamente madura às outras ciências, aos outros saberes, como colaboração recíproca, dinâmica e autônoma do saber.

1.5 Teologia e outros saberes

A atualidade da teologia abrange a abertura a outros saberes e o diálogo com eles, pois essa dinâmica dialógica aprimora a elaboração do próprio discurso teológico. Embora o conceito de interdisciplinaridade seja recente, esse princípio remonta ao início da história do conhecimento humano. O crescimento na busca da especificidade do saber exige, simultaneamente, a habilidade para conhecer, associar e distinguir suas interações com outros saberes.

> A relação da teologia com as ciências não é do tipo ditatorial, mas democrático. Ou seja, a teologia serve-se dos recursos das ciências, respeitando sempre sua autonomia específica, mas também

reservando-se o direito, que lhe dá a transcendência da fé sobre toda forma de razão, de criticar as pretensões pseudofilosóficas ou pseudoteológicas da chamada razão moderna. (Boff, 2014, p. 67)

Assim, a teologia compreende o diálogo com outros saberes como uma mediação pré-teológica que pode contribuir, significativamente, na sua própria reflexão. Não é em vão que, na formação sacerdotal dos futuros padres da Igreja Católica, se estude a filosofia antes da teologia. A relação da teologia com as outras ciências, porém, não se constitui em caráter impositivo ou valendo-se delas como apenas suas "servas", pois a autenticidade dessa relação se dá de maneira autônoma e respeitosa reciprocamente.

Contudo, a teologia não deve tomar indiscriminadamente qualquer proposição científica, filosófica ou psicológica. Há critérios de discernimento nessa relação interdisciplinar com as outras ciências, a fim de não desvirtuar "o círculo hermenêutico da fé, condicionando negativamente as conclusões da reflexão teológica" (Libanio; Murad, 2003, p. 359). Na Encíclica *Fides et Ratio*, São João Paulo II (1998, n. 41) analisa a relação dos Padres da Igreja (no período patrístico) com as escolas filosóficas, adotadas como instrumentos de pré-elaboração do fazer teológico:

> Isto não significa que tenham identificado o conteúdo da sua mensagem com os sistemas a que faziam referência. A pergunta de Tertuliano: "Que têm em comum Atenas e Jerusalém? Ou, a Academia e a Igreja?", é um sintoma claro da consciência crítica com que os pensadores cristãos encararam, desde as origens, o problema da relação entre a fé e a filosofia, vendo-o globalmente, tanto nos seus aspectos positivos como nas suas limitações. Não eram pensadores ingênuos. Precisamente porque viviam de forma intensa o conteúdo da fé, eles conseguiam chegar às formas mais profundas da reflexão. (João Paulo II, 1998, FR, n. 41)

Em outras palavras, a teologia cristã, em sua mais alta autenticidade, sabe valer-se das outras ciências, reconhecendo a transcendência da fé como sua especificidade. Portanto, para um teólogo estar aberto ao diálogo e ao conhecimento de outros saberes, é preciso saber transitar nesses espaços com humildade verdadeira, consciente de que muito se pode aprender e crescer na reflexão teológica, todavia com uma viva consciência conceitual e vivencial da natureza teológica e de seu objeto, que se distingue e, por essa razão, pressupõe critérios hermenêuticos muito próprios em relação aos outros saberes.

Síntese

Neste capítulo, defendemos que, para estudar a teologia, é necessário identificar seu conceito fundamental, sua natureza e seu objeto, explicando de que maneira ela se constitui como uma ciência e se estabelece em diálogo com outros saberes.

Como conceito, partindo da raiz grega da palavra, a *teologia* significa, basicamente, "ciência, palavra sobre Deus". Esse já era um termo utilizado antes da era cristã, designando o estudo de Deus e/ou dos deuses nas narrativas mitológicas do mundo greco-romano. A filosofia grega entendia a teologia como metafísica. No cristianismo, embora haja nuances históricas, a teologia é compreendida como ciência divina que se volta para o mistério de Deus revelado em Jesus Cristo. Trata-se de uma teologia capaz de ser companheira do ser humano contemporâneo e de todas as épocas, em sua trajetória de vida.

A natureza da teologia incide em ter presente que sua matéria-prima é Deus, que se revela na história humana, se expressa na narrativa bíblica e se interpreta autenticamente em Igreja. A teologia possui uma natureza sapiencial (sentir), marcada pelo aspecto simbólico e estético do Mistério; uma natureza racional (pensar), por exigir um rigor sistemático do intelecto em relação às razões da fé, sendo, por isso, uma ciência; e uma natureza prática (fazer), por seu caráter provocativo, fazendo alcançar o agir como profecia no mundo.

O objeto que direciona a atenção do estudo, da pesquisa teológica, é, de modo objetivo, Deus. Diferente das outras ciências, o processo de investigação teológica tem como ponto de partida a Revelação, ou seja, é o objeto que se revela por iniciativa, e transcende a toda forma de manipulação, ainda que seja apenas de observação. Para isso, exige do sujeito o pressuposto da fé.

Mais do que um conceito científico rígido, a teologia é ciência pelos seguintes aspectos: linguagem específica, lógica interna, sistematização, pesquisadores que passam por uma formação acadêmica longa e criteriosa, comunidade científica que critica e valida o trabalho do teólogo(a) (Guerra, 2018). Entretanto sua especificidade se dá em relação ao objeto – Deus e aquilo que, em certa medida, é visto em relação a Ele –, ao sujeito – pressupõe dele disposições sobrenaturais, como a fé – e, por fim, ao método – não se apoia nas comprovações empíricas, mas na autoridade da revelação divina.

A teologia cristã pressupõe diálogo com outros saberes, pois essa dinâmica dialógica, presente desde seu início, aprimora o próprio discurso teológico, pelo recíproco estímulo e criticidade. Todavia, na teologia, deve-se considerar os critérios de discernimento nessa relação interdisciplinar no intuito de não desvirtuar o círculo hermenêutico da fé.

Na teologia católica, não basta um contato meramente racional ou, ainda, meramente emocional com os conteúdos da fé. A razão é uma via de acesso a Deus, mas é a fé que ilumina o trajeto; e a vivência com tais conteúdos é o que, de fato, aprimora o fazer teológico.

Atividades de autoavaliação

1. Qual o significado da expressão sobre a fé *Intellige ut credas, crede ut intelligas*, de Santo Agostinho?
   a) A inteligência da fé é a fé inteligente.
   b) Compreendo para crer e creio para compreender.
   c) Creio para saber e sei mais para crer.
   d) Seja inteligente e creia, creia e seja inteligente.
   e) Interiorizo aquilo que creio, creio naquilo que interiorizo.

2. Considerando que o conceito de teologia, no cristianismo primitivo, tornou-se o ponto central da teologia cristã até nossos dias, analise as afirmações a seguir:
   I. O conceito de teologia era compreendido como o estudo de Deus e/ou dos deuses em outras perspectivas, como nas narrativas mitológicas do mundo greco-romano.
   II. O conceito de teologia era compreendido como ciência divina que se volta para o mistério de Deus revelado em Jesus Cristo.
   III. O conceito de teologia era compreendido como um conhecimento específico de caráter filosófico voltado às causas necessárias e eternas.
   IV. O conceito de teologia era compreendido como doutrina sagrada, ciência divina, sagrada página.
   V. O conceito de teologia era compreendido como conhecimento metafísico de todas as coisas.

   Assinale a alternativa que apresenta a resposta correta:
   a) Apenas as afirmativas III e V são verdadeiras.
   b) Apenas a afirmativa II é verdadeira.
   c) Apenas as afirmativas I e IV são verdadeiras.
   d) Todas as afirmativas são verdadeiras.
   e) Nenhuma das alternativas é verdadeira.

3. A natureza da teologia integra, dinamicamente, a linguagem comum, capaz de comunicar seus postulados a todas as pessoas, e a linguagem científica, que sistematiza o diálogo com outros saberes. Mesmo assim, vimos que nossa linguagem fica sempre aquém do Mistério. Essa tensão presente na teologia é apresentada por duas abordagens distintas: a teologia apofática e a teologia catafática. Com base nessas afirmações, indique se as afirmações a seguir são verdadeiras (V) ou falsas (F):

( ) A teologia apofática se encerra no silêncio do Mistério ou esbarra em paradoxos ininteligíveis.

( ) A teologia catafática ousa declarar e verbalizar o mistério explicitamente, mas esbarra no limite de dizê-lo incompletamente ou ainda erroneamente.

( ) A teologia apofática se exprime na verbalização explícita do Mistério revelado.

( ) A teologia catafática se exprime no não dizer, silenciando a explicitação do Mistério.

( ) Em relação à teologia com abordagem apofática e com abordagem catafática, ambas se complementam e abrangem o grande legado da teologia cristã.

Assinale a alternativa que apresenta a sequência correta:

a) F, V, F, V, V.
b) F, F, V, V, V.
c) F, V, V, F, F.
d) V, F, V, V, F.
e) V, V, F, F, V.

4. Com relação à natureza da teologia cristã, há um dado fundamental que a distingue das demais ciências. Esse dado é:
   a) a fé.
   b) a verdade.
   c) a razão.
   d) a pesquisa.
   e) o amor.

5. Todo conhecimento tem um objeto específico que direciona a atenção do estudo. É sobre esse objeto que se debruça a pesquisa, a observação e a reflexão em relação ao tema proposto. Na teologia cristã, falamos em objeto material e objeto formal. O objeto material é a realidade própria sobre a qual a teologia se volta: Deus (objeto material primário) e as realidades por Ele criadas em seu desígnio salvador (objeto material secundário). Sobre essa proposição, assinale a alternativa que apresenta a explicação correta:
   a) O objeto formal é a razão natural.
   b) O objeto formal é a razão iluminada pela fé no Deus revelado por Confúcio.
   c) O objeto formal é a razão iluminada pela fé no Deus revelado por Maomé.
   d) O objeto formal é a razão iluminada pela fé no Deus revelado em Buda.
   e) O objeto formal é a razão iluminada pela fé no Deus revelado em Jesus Cristo.

Atividades de aprendizagem

Questões para reflexão

1. Diante da sociedade atual, paradoxalmente a teologia surge como caminho para a busca de uma inteligibilidade mais profunda a respeito da fé. Com base no estudo deste capítulo, aponte a relação entre o texto de Ratzinger (1970, p. 41) e os parágrafos 27 e 28 do Catecismo da Igreja Católica (CIC, 1992).

   Texto 1: *Razão e fé*

   Quem vem a ser "Deus", afinal? Em outras épocas tal pergunta não constituía problema, de clara que era. Hoje ela se nos torna uma interrogação séria. Que é que pode conotar, em geral, a palavra "Deus"? Que realidade ela exprime e como chega aos homens a realidade de que fala? Querendo-se seguir a pista da pergunta com a profundeza de que hoje precisamos, seria necessário tentar primeiramente uma análise que pesquisasse as fontes da experiência religiosa, considerando-se, a seguir, como é que o tema "Deus" caracteriza a história inteira da humanidade e é capaz de desencadear nela todas as paixões até aos nossos dias – sim, até aos dias em que o clamor da morte de Deus se ergue por toda parte e, apesar disto, e precisamente por isto, coloca o problema de Deus poderosamente no meio de nós.

   Afinal, donde surgiu na humanidade a ideia de Deus; de que raízes nasceu? Como compreender que o mais dispensável aparentemente e o mais inútil dos temas para os homens se fixou e permaneceu, apesar de tudo, como o mais angustioso dos temas da história? (Ratzinger, 1970, p. 41)

Texto 2: *O desejo de Deus*

O desejo de Deus é um sentimento inscrito no coração do homem, porque o homem foi criado por Deus e para Deus. Deus não cessa de atrair o homem para Si e só em Deus é que o homem encontra a verdade e a felicidade que procura sem descanso: "A razão mais sublime da dignidade humana consiste na sua vocação à comunhão com Deus. Desde o começo da sua existência, o homem é convidado a dialogar com Deus: pois se existe, é só porque, criado por Deus por amor, é por Ele, e por amor, constantemente conservado: nem pode viver plenamente segundo a verdade, se não reconhecer livremente esse amor e não se entregar ao seu Criador".

De muitos modos, na sua história e até hoje, os homens exprimiram a sua busca de Deus em crenças e comportamentos religiosos (orações, sacrifícios, cultos, meditações etc.). Apesar das ambiguidades de que podem enfermar, estas formas de expressão são tão universais que bem podemos chamar ao homem **um ser religioso**: Deus "criou de um só homem todo o gênero humano, para habitar sobre a superfície da terra, e fixou períodos determinados e os limites da sua habitação, para que os homens procurassem a Deus e se esforçassem realmente por O atingir e encontrar. Na verdade, Ele não está longe de cada um de nós. É n'Ele que vivemos, nos movemos e existimos" (*At* 17: 26-28). (CIC, 1992, n. 27-28)

2. Neste capítulo, vimos que a teologia é uma ciência. Essa afirmação deve ser aprofundada com uma leitura que nos ajude a identificar de que maneira podemos dizer que a teologia é ciência. Para isso, tomemos o texto clássico de São Tomás de Aquino a respeito desse tema:

> A doutrina sagrada é ciência. Porém, cumpre saber que há dois gêneros de ciências. Umas partem de princípios conhecidos à luz natural do intelecto, como a aritmética, a geometria e semelhantes. Outras provêm de princípios conhecidos de ciência superior; como a perspectiva de princípios aplicados na geometria, e a música, de princípios aritméticos. E deste modo, é ciência a doutrina sagrada,

pois deriva de princípios conhecidos à luz de uma ciência superior, a saber: a de Deus e dos santos. Portanto, como aceita a música os princípios que lhe fornece o aritmético, assim a doutrina sagrada tem fé nos princípios que lhe são por Deus revelados. (São Tomás de Aquino, 2016a, p. 28)

Elabore um breve texto com sua reflexão sobre essa leitura.

Atividade aplicada: prática

1. Vimos que a teologia abrange a abertura e o diálogo com outros saberes. Com base nessa constatação, pesquise na internet e elenque três cursos ou disciplinas de outras áreas que você consegue relacionar com a teologia.

2
Panorama histórico da teologia

Não podemos reduzir a fé a um resultado especulativo da razão; entretanto, desde o início do cristianismo, é da natureza da fé buscar sua própria razão interna, seu sentido específico em meio ao mundo que se nos apresenta. Ainda que essa razão profunda transcenda o limite imanente presente, seu desenvolvimento se dá no contexto de tempo e de espaço, ou seja, nas circunstâncias históricas.

A compreensão da fé é uma exigência interna daquele que crê, mas também é exigência daqueles que nos pedem explicações a fim de que saibamos dar-lhes as razões da nossa fé e da nossa esperança (I Pd 3:15)[1]. A teologia consiste, portanto, nessa atividade pensante, explicativa, que fundamenta os conteúdos da fé. Todavia, essa reflexão é assimilada, ampliada e interpretada ao longo do tempo em que ela se situa. Por essa razão, no pensamento teológico, há nuances próprias de um período, de um contexto que deve ser conhecido e considerado numa análise da teologia como um todo.

Neste capítulo, apresentaremos as grandes etapas da teologia, marcadas por características específicas de cada período histórico. É importante destacar que, historicamente, a teologia foi cunhada em duas grandes abordagens: teologia positiva e teologia especulativa. A teologia positiva marca o primeiro milênio do cristianismo e o atual; considera o estudo da Sagrada Escritura, da patrística, dos ensinamentos conciliares e da Tradição e, dessa análise, confere uma síntese teológica. A teologia especulativa marca o segundo milênio do cristianismo, principalmente a escolástica; considera também a Sagrada Escritura e a Tradição como ponto de partida, mas analisa e elabora a sua síntese com os recursos cognitivos da razão. Nessa perspectiva, queremos apresentar o cenário e a teologia correspondente, tecida nas entrelinhas da história, com seus interlocutores e autores expoentes, a fim de conhecer as linhas gerais do pensamento teológico de cada época.

É impossível negar os condicionamentos históricos da Igreja e do cenário sociocultural em que ela está inserida, ora influenciando significativamente, ora sendo influenciada pela realidade contextual. Segundo Libanio e Murad (2003, p. 111-112), "a teologia, reflexão crítica e sistemática sobre a fé cristã, vivida na comunidade eclesial, não deixa de ser tributária do contexto em que nasceu, bem como do modelo de Igreja hegemônico no momento. Aí residem tanto seu mérito como sua fraqueza".

---

1 Todas as passagens bíblicas indicadas neste capítulo são citações de Bíblia (1995).

A estrutura deste capítulo apresentará um percurso histórico que começa com a teologia-fonte, forjada no período primitivo do Novo Testamento; em seguida, analisaremos a teologia patrística, construída no período que abrange o século I ao século VII, estendendo-se seu declínio até a cisão do Ocidente e do Oriente em 1054. Depois, veremos a escolástica, período medieval de sistematização da teologia que vai do século VIII até o século XVI. Em seguida, trataremos da teologia moderna, desenvolvida entre os séculos XVIII e XIX; e, por fim, da teologia contemporânea, com o Concílio Vaticano II.

2.1 Teologia-fonte

A teologia-fonte situa-se no primeiro século da Igreja, cuja primeira geração cristã refletiu sua fé no Mistério pascal com base no testemunho dos apóstolos e da comunidade primitiva. Essa fase foi marcada pela expansão missionária e pelos escritos do Novo Testamento (as cartas apostólicas e os Evangelhos). K. Rahner chama de *teologia do princípio*, pelo fato de o Novo Testamento ser a fonte irrenunciável da teologia cristã, que se estabelece como paradigma de toda futura teologia (Libanio; Murad, 2003, p. 112).

Sem dúvida, o conteúdo fontal da teologia é, essencialmente, Jesus Cristo, sua vida, sua morte e sua ressurreição. Ele anunciou oralmente a mensagem pelos caminhos da Galileia, da Samaria e da Judeia, reunindo, à sua volta, um pequeno grupo de discípulos, iniciando-os nos mistérios do Reino de Deus (Mt 13:11). Após sua morte e ressurreição, a partir de Pentecostes (At 2:1-13), os apóstolos anunciaram, corajosamente, a boa nova, dando continuidade à missão a eles confiada. Foi um período marcado pela crise política do imperador Calígula (37- 41 d.C.) e pela perseguição aos cristãos por Herodes Agripa (41-44 d.C.).

Os anos 40 a 70 d.C. marcaram o período da expansão missionária no mundo grego. Os cristãos, em meio às perseguições, levaram a termo o anúncio da Boa Nova "a toda criatura" (Mc 16:15). O ano 70 marcou a destruição de Jerusalém e, consequentemente à separação formal entre judeus e cristãos, o ano 90 d.C., aproximadamente, marcou o período de organização e consolidação das comunidades cristãs. Nesse contexto, foram escritas as "cartas católicas" (de João, Pedro e Judas), o Apocalipse, as "cartas pastorais (a Timóteo e a Tito) e, provavelmente, as cartas aos Efésios e aos Colossenses. Nesse período, também se escreveu a redação dos Evangelhos de Mateus, Lucas e João e dos Atos dos Apóstolos, a fim de perpetuar e garantir a memória de Jesus e de seus ensinamentos. Cada Evangelho apresenta, de modo único e complementar, o conteúdo central da fé cristã presente na vida e nas palavras de Jesus.

Assim, essa fonte teológica está tão próxima historicamente da grande fonte, que é o próprio Jesus Cristo, do qual nasce a fé, que ela torna-se lugar de onde a teologia, de todos os tempos, pode beber continuamente. Por essa razão, seu conteúdo, principalmente os evangelhos, devem ser consultados como base da fé cristã. O evangelho é, ao mesmo tempo, revelação de Deus e do próprio ser humano.

2.2 Teologia patrística

Há dois termos frequentes quando estudamos a teologia patrística, são eles: *patrologia* e *patrística*. Ambos dizem respeito aos autores cristãos primitivos, entre eles, leigos e presbíteros, conhecidos como *Padres*, ou seja, *pais da Igreja*, porque, após os textos neotestamentários, foram os primeiros a refletir temas teológicos. O que os distingue é o fato de a patrologia ter por objeto de estudo a vida e os escritos dos Padres, focando mais nos aspectos biográfico e literário, e a patrística ocupar-se do pensamento teológico dos Padres, com um caráter mais doutrinal.

Entre os critérios que definem, nesse sentido, os Padres da Igreja, o de maior peso é aquele que foi considerado, pela tradição posterior, como testemunho autorizado da fé. Eles ocupam um lugar importante na história da Igreja, mas também na história antiga, principalmente, na literatura greco-romana. Esse precioso legado literário foi deixado com outro grande legado: as primeiras reflexões teológicas da fé cristã.

> Com a patrística grega, por meio de um diálogo fecundo e dinâmico e de um posicionamento de abertura que absorveu o melhor de toda a criação humana, o cristianismo acrescenta à sua dimensão religiosa, a amplitude de uma nova dimensão conceitual. No acolhimento da "sabedoria das nações", na leitura hermenêutica da Revelação à luz das correntes filosóficas mais significativas, numa lúcida atenção aos sinais dos tempos, lança os fundamentos e a estrutura de uma metafísica que se projetará no pensamento medieval e nos séculos futuros. Poderá dizer-se que os esquemas conceituais são gregos, como não podia deixar de ser, mas transmutados por uma nova inspiração que fecunda a riqueza dessa diversidade complexa e lhe dá uma nova vida. (Pacheco, 2005, p. 49)

A expressão *teologia patrística* foi criada no século XVII a fim de indicar a doutrina dos Padres da Igreja, distinguindo-a de outras especificações teológicas, como a *teologia bíblica*, a *teologia escolástica* etc. Trata-se de textos que se tornaram referência para a reflexão teológica no processo de toda tradição posterior.

A Antiguidade é amplamente compreendida no Ocidente, para a Igreja latina, como o período que vai até Santo Isidoro de Sevilha (560-636); e, no Oriente, para a Igreja grega, é o período que se estende um pouco mais, até a morte de São João Damasceno (675-749). Nesse período, ao longo de sete séculos, esses autores cristãos foram tecendo um conteúdo teológico em torno da vivência e dos embates da fé na liturgia, na catequese e nos costumes.

Em todo o período patrístico, há uma divisão histórica que marca, nele, três grandes momentos: o primeiro, de formação, até o Concílio de Niceia em 325; o segundo, de florescimento, até o Concílio de Calcedônia em 451; o terceiro, de finalização, até 636 no Ocidente e até 749 no Oriente. Para acentuar os grandes momentos da teologia patrística, no entanto, destacam-se seus quatro primeiros séculos, dividindo-os da seguinte maneira: no século I, os padres apostólicos; no século II, os padres apologistas; no século III, as escolas de Alexandria e de Antioquia; e, no século IV, a fase de ouro e os padres capadócios (Pacheco, 2005 p. 46-47). A seguir, descrevemos um pouco desses momentos.

a. Padres apostólicos

Os Padres apostólicos foram aqueles autores que pertenceram à primeira e à segunda geração na Igreja depois dos apóstolos, como seus sucessores imediatos. De fato, eles estavam, de certa forma, ligados aos apóstolos, não somente pela proximidade cronológica, mas também pelo estilo e pela continuidade de pensamento. Entre eles, destacamos alguns, como Inácio de Antioquia, Policarpo de Esmirna, Clemente de Roma, Pastor de Hermas, Pseudo-Barnabé e Pápias. É desse período também que temos o chamado *primeiro catecismo cristão*: a Didaquè.

b. Padres apologistas

Após o período patrístico apostólico, temos os Padres apologistas. Com a expansão missionária da fé cristã, a partir do século II, surgiram questionamentos, desvios, embates e perseguições que exigiram o trabalho dos padres que escreveram as apologias como resposta e defesa da fé e dos cristãos perseguidos. Sua missão era explicitar a fé cristã de modo compreensível aos que questionavam a Igreja interna e externamente. Entre eles, destacamos: Aristides de Atenas, Hipólito de Roma,

Atenágoras, Teófilo de Antioquia, Ireneu de Lião, Apolinário e Justino Mártir. A carta de um autor desconhecido, escrita a Diogneto[2], é uma das mais belas apologias da fé cristã: "o Cristianismo não é uma invenção terrena, nem tampouco um amálgama de mistérios humanos. É a verdade, a palavra santa, inabarcável, enviada aos homens pelo próprio Deus, o Todo-poderoso, o invisível criador do Universo" (Padres Apologistas, 1997, p. 19).

c. Grandes escolas teológicas

Há duas importantes escolas teológicas que marcaram a patrística e imprimiram suas identidades nas relevantes questões teológicas dos séculos posteriores: Alexandria e Antioquia. Cada uma se apresenta com traços característicos bem distintos entre si, com acentos teológicos e filosóficos muito próprios que se contrastam em suas leituras hermenêuticas. Ao mesmo tempo, reconhecendo a particularidade de cada uma das escolas, ambas podem contribuir atualmente para uma visão de equilíbrio e síntese da teologia cristã.

A partir do século III, a Igreja em Alexandria, no Egito, se desenvolveu admiravelmente e se voltou para a necessidade de uma teologia mais elaborada racionalmente, de maneira sistemática, a fim de atingir pessoas cultas que se convertiam ao cristianismo. Alexandria é o berço do helenismo: lugar de fusão das culturas oriental, egípcia e grega. O judaísmo também encontrou aí terreno fértil e, nesse contexto cultural histórico, o cristianismo lançou suas raízes e se desenvolveu. A escola de Alexandria apresenta algumas balizas teológicas: a investigação metafísica do conteúdo da fé, o método alegórico no estudo da Sagrada Escritura e a filosofia platônica. Embora não negasse a natureza humana, a ênfase alexandrina estava na natureza divina de Jesus

---

2 A Carta a Diogneto é uma exortação de um cristão anônimo, do século II, em resposta aos questionamentos de um pagão culto, que aspirava conhecer melhor a nova religião que transformava as ideias da época, em relação aos valores humanos, impactando a sociedade greco-romana.

Cristo. Entre seus expoentes, destacamos: Fílon, Orígines, Dionísio e Atanásio.

Em reação contrária ao método alegórico de Alexandria, a partir do século IV, Luciano de Samósata fundou a escola de Antioquia, na Síria. Segundo os teólogos dessa escola, o método alegórico alexandrino poderia desvirtuar o sentido real dos textos bíblicos, convertendo-os a uma linguagem mitológica. Assim, a escola de Antioquia apresenta outras balizas teológicas: o foco na interpretação literal da Sagrada Escritura, por meio do seu estudo histórico e gramatical (nas línguas hebraica e grega). A ênfase estava na natureza humana histórica de Jesus Cristo. Se Alexandria tinha por base a filosofia de Platão, Antioquia adotou como base a filosofia de Aristóteles. Entre seus expoentes, destacamos: Gregório, o Taumaturgo e Luciano de Antioquia.

d. Fase de ouro

A chamada *fase de ouro* na patrística compreende o período dos grandes concílios ecumênicos, marcados pelas definições dogmáticas fundamentais do cristianismo. Dos sete concílios da Igreja antiga, queremos destacar os quatro primeiros por sua autoridade doutrinária e relevância histórica:

1°) Concílio de Niceia - 325

Ponto central: A questão cristológica da natureza divina de Jesus e sua relação com o Pai. Elaboração da primeira parte do Credo niceno-constantinopolitano[3]. Defesa da fé cristã contra a heresia ariana[4].

---

3 O cristianismo procurou expressar a sua fé em fórmulas breves e normativas, a fim de que todos pudessem identificar os elementos essenciais da fé cristã de modo orgânico e articulado. Duas versões ocupam um lugar oficial na vida da Igreja, que são: o Símbolo dos Apóstolos (resumo mais antigo) e o Símbolo niceno-constantinopolitano.

4 A heresia ariana, ou **arianismo**, teve origem em Alexandria com o presbítero Ario, que negava a divindade de Jesus Cristo, afirmando que ele era uma criatura do Pai, a primeira e a mais digna de todas. Por isso, devido a essa perfeição, poderia ser chamado *Filho de Deus*.

2º) Concílio de Constantinopla - 381

Ponto central: A finalização do Credo, niceno-constantinopolitano. Essa versão, criada no Concílio de Nicéia e finalizada no Concílio de Constantinopla, procurou apresentar o conteúdo da fé com alguns desdobramentos mais explícitos em resposta às heresias cristológicas e trinitárias da época.

3º) Concílio de Éfeso - 431

Ponto central: Debate sobre os ensinamentos de Nestório, patriarca de Constantinola. Maria *Theotokos* (Mãe de Deus). Defesa da fé cristã contra a heresia nestoriana[5].

4º) Concílio de Calcedônia - 451

Ponto central: Princípio da união hipostática de Jesus Cristo. Naturezas humana e divina da pessoa de Jesus Cristo. Defesa contra a heresia monofisita[6].

Sem dúvida, a grande engenharia teológica do século IV foi a elaboração da doutrina trinitária. Em resposta à heresia ariana que se infiltrou na Igreja, surgiu a necessidade de um esclarecimento a respeito da ortodoxia da fé cristã. Nesse contexto, destacam-se como expoentes os padres capadócios, que desenvolveram uma teologia trinitária coerente e plausível diante das questões enfrentadas.

---

[5] A heresia nestoriana, ou **nestorianismo**, originou-se com Nestório, bispo de Constantinopla, que defendia que, em Jesus, haveria duas naturezas e duas pessoas: uma divina e outra humana. Assim, para ele, o Logos habitava na humanidade de Jesus como uma veste. Consequentemente, Maria não era Mãe de Deus (Theotókos), mas somente Mãe de Cristo (Christokós), pois teria gerado apenas o homem Jesus, que, posteriormente, teria se unido à segunda pessoa divina da Trindade.

[6] A heresia monofisita, ou **monofisismo**, teve sua origem com Eutiques de Constantinopla, que negava a humanidade de Jesus Cristo. Segundo ele, em Jesus, há uma só natureza e uma só pessoa: a divina, pois, após a encarnação, a natureza divina absorveu a humana, divinizando-a.

> Os capadócios, Basílio de Cesareia (379), Gregório Nazianzeno (390) e Gregório de Nissa (394), compõem o grupo original, de inspiração alexandrina, que influenciou profundamente a tradição bizantina posterior em todos os setores: dogmático, moral ascético, litúrgico e canônico. Basílio deu traços iniciais à doutrina trinitária sendo seguido por Gregório Nazianzeno, seu irmão Gregório de Nissa e outros amigos. Constituem, portanto, os principais criadores da linguagem trinitária Oriental. (Silva, 2018, p. 611)

Além do arianismo, muitas outras heresias surgiram a seguir, como o nestorianismo e o apolinarismo, que negavam a maternidade divina de Maria. O Concílio de Éfeso, em 431, respondeu com a doutrina da *Theotokos*, ou seja, de que Maria, sendo mãe de Jesus Cristo, também era mãe da sua natureza humana e divina, logo, Mãe de Deus. O monofisitismo foi outra heresia que exigiu, no Concílio de Calcedônia (451), uma resposta em relação à união hipostática de Jesus Cristo, ou seja, a doutrina das duas naturezas, humana e divina, em uma única pessoa.

Talvez essa breve explanação desperte em você uma curiosidade maior, a necessidade de uma explicação mais ampla a respeito do que lhe trouxemos aqui em relação a esse precioso período teológico da Igreja. Mas é só o começo: apenas um panorama que possa lhe ajudar inicialmente e ser aprofundado posteriormente, no decorrer das disciplinas teológicas.

2.3 Teologia escolástica

A palavra *escolástica* deriva do termo latino *scholasticus* e significa aquele ou aquilo que "pertence à escola", "instruído", "sábio". Trata-se de um método não somente de estudo, mas também uma visão de mundo que marcou a Idade Média. Segundo Sesboüé (2006, p. 70), a alta Idade

Média abrange o período entre a morte de Gregório Magno (604) e a grande cisão entre Oriente e Ocidente (1054), pois esse período constituiu a transição da Antiguidade tardia para a Idade Média. Nesse contexto, damos destaque à grande fermentação teológica inspirada no pensamento de Santo Agostinho (354-430) e de Boécio (480-525), durante o império de Carlos Magno. "Foi o renascimento carolíngio, com a fundação das escolas junto às catedrais e a celebração de vários sínodos, com excelentes frutos nos séculos seguintes" (Sesboüé, 2006, p. 70).

> A teologia escolástica medieval atravessou praticamente oito séculos, marcando ainda presença durante a idade moderna. Este grande paradigma teológico divide-se em três fases: a transição e gestação da dialética, a grande escolástica e a escolástica tardia. Embora a teologia medieval, ao seguir Agostinho, se mova inicialmente no horizonte filosófico neoplatônico, ela cede lugar a Aristóteles, confeccionando nova síntese. (Libanio; Murad, 2003, p. 127)

Se, na patrística, os grandes expoentes das escolas teológicas de Roma, Alexandria e Antioquia eram padres e bispos na sua maioria, o período escolástico apresentou um novo cenário, com novos protagonistas. O novo cenário trouxe como foco os mosteiros, as ordens religiosas que, com seus monges, assumiram papel de destaque na nova cultura medieval, com o surgimento das **escolas monásticas**, que ensinavam o estudo das artes liberais (Sesboüé, 2006, p. 71). Surgiram também as **escolas catedrais**, instaladas por bispos nas grandes cidades da época, que, com o tempo, passaram a ser mantidas por meio de benefícios para o estipêndio dos mestres. Entre as escolas, destacou-se a Escola da Abadia de São Vítor, instalada em Paris, tendo Hugo como grande mestre. Sua obra *Didascalicon – Da arte de ler* sintetiza um currículo dos estudos medievais.

Nesse cenário, entre os séculos X a XII, gestou-se o método escolástico. Para Sesboüé (2006, p. 72), "a teologia torna-se então uma disciplina "escolar", constituindo-se objeto de ensino e pesquisa [...]. A partir dessas escolas é que nascem as universidades".

Portanto, as primeiras universidades do mundo foram embriões dos grandes mosteiros, que se empenhavam, além do cultivo da oração, no cultivo do intelecto, pois ambos eram frutos de um caminho de interioridade e de observação atenta a si e ao cosmos como um todo, em orientação para Deus. Por exemplo, as universidades de Paris, Bolonha e Oxford foram fundadas por grandes mestres decorrentes dessas escolas citadas anteriormente, que começaram a trabalhar de forma independente (Sesboüé, 2006, p. 72).

Intelectualmente, podemos afirmar que, na Idade Média, havia escolas teológicas com métodos e posicionamentos muito próprios de suas tradições particulares, mas marcadas por um caráter eclesial universal, como os dominicanos, os franciscanos e os beneditinos. É o que veremos melhor na sequência, em que explanamos a escolástica em fases históricas de gestação e esplendor.

2.3.1 Fase de gestação

Os séculos VII ao X constituem a fase de gestação da escolástica. O cenário feudal e conservador estabeleceu uma teologia mais voltada à compilação e à reprodução de obras, feitas, na sua maioria, por monges e bispos. Nos séculos X a XIII, a teologia, que antes era ensinada nas catedrais e nos mosteiros, passou a se desenvolver nas nascentes universidades, centros de intensa vida intelectual.

Nesse contexto, entre os séculos XI e XII, havia uma tensão entre a teologia produzida nos grandes mosteiros, cujo expoente foi São Bernardo de Claraval, e a teologia que passou a ser produzida nas escolas universitárias, cujos expoentes foram Abelardo e Pedro

Lombardo. Quem fez a síntese das duas escolas teológicas foi Anselmo de Cantuária, pai da escolástica medieval, que harmonizou o pensamento teológico clássico ao pensamento especulativo dialético com o axioma: *fides quaerens intellectum*, ou seja, a fé em busca da inteligência: "Não pretendo, Senhor, penetrar a tua profundidade, porque de forma alguma a minha razão é comparável a ela; mas desejo entender de certo modo a tua verdade, que o meu coração crê e ama. Não busco, com efeito, entender para crer, mas creio para entender" (Santo Anselmo, citado por Libanio; Murad, 2003, p. 129).

Nesse período, ocorreu o cisma entre o Oriente e o Ocidente (1054) e a teologia oriental manteve o estilo simbólico patrístico, apofático e contemplativo, resistindo à razão dialética sistemática que cresceu na teologia ocidental.

2.3.2 Fase de esplendor

Como já vimos, dos séculos X ao XII se estruturaram as primeiras linhas do método escolástico, a ciência da escola, com base nas quais nasceram as universidades, que ganharam, progressivamente, o reconhecimento da Igreja e do Estado. Segundo Sesboüé (2006, p. 72), as disciplinas principais eram o Direito, a Medicina, a Filosofia e a Teologia, esta última, a rainha de todas as disciplinas.

O século XIII marcou o esplendor da escolástica, tendo como expoentes Santo Alberto Magno, Mestre Eckart e, como expoente máximo, Tomás de Aquino, por seu rigor teórico, criativo e penetrante. Segundo ele, "a fé não elimina a razão, como também, inversamente, a razão não alimenta nenhuma pretensão de alcançar a fé ou de igualar-se a ela" (Santo Tomás de Aquino, citado por Sesboüé, 2006, p. 83). O texto-base de elaboração teológica passou a ser a Suma Teológica, ainda que houvesse outras escolas teológicas de grande destaque, como a monástico-agostiniana, com São Boaventura – que, embora franciscano, foi o principal representante do pensamento agostiniano da época –, e a escola franciscana, com Duns Scoto.

De acordo com Boff (2014, p. 143-144):

> O instrumento orgânico da escolástica foi a dialética, entendida como o uso metódico da razão. A forma concreta dessa razão era no tempo o aristotelismo, primeiro em seus tratados lógicos e depois nos conteudísticos: metafísica, ética, política e cosmologia. Contudo, Platão permaneceu como a referência principal de algumas correntes, como a dos vitorinos e a dos franciscanos. Era, porém, um platonismo moldado por Agostinho, a grande autoridade patrística de toda a Idade Média.

Outro aspecto importante a ser destacado aqui é no que diz respeito à exposição da doutrina da fé e da moral, que centralizava tanto mais o perfil escolástico, especulativo, dialético, distanciando, de certa forma, o aspecto pastoral. Assim, "o discurso dogmático vai recorrendo sempre mais às categorias escolásticas, técnicas e filosóficas" (Sesboüé, 2006, p. 84).

2.4 Teologia moderna

Os séculos XIV e XV marcam o processo de ruptura do pensamento clássico medieval, caracterizado pela cosmovisão teocêntrica da cristandade para o pensamento moderno, identificado pela cosmovisão antropocêntrica da secularização. A idade moderna é definida pela irrupção de grandes novidades em âmbito político-social, como o capitalismo, as grandes navegações, os comércios e os nacionalismos; e, em âmbito cultural, novidades como o humanismo renascentista, o subjetivismo, o individualismo, o laicismo e a secularização. É importante nos darmos conta de que essas mudanças foram processuais, carregadas de tensões, impulsos e resistências presentes na esfera sociocultural e, consequentemente, na esfera eclesial.

No século XVI, a Reforma Protestante, liderada pelo monge agostiniano Martinho Lutero (1493-1546), na Alemanha, rompeu a unidade cristã presente em toda a Europa. Movido por inquietações em relação à doutrina, Lutero publicou, em 31 de outubro de 1517, na porta da catedral de Witttenberg, as suas 95 *teses,* contestando muitas questões, entre elas, o sistema de indulgências da época. Inicialmente, Lutero não tinha a intenção de separar a Igreja, mas a de uma reforma interna. Segundo Schwaiger (citado por Eicher, 2005, p. 751), "a rápida disseminação e fortalecimento do movimento da Reforma só foram possíveis porque na Idade Média tardia já se tinham formado os pressupostos para ela: causas de natureza geral". Porém, dois pontos centrais levaram a essa ruptura: primeiro, a Igreja Católica, inicialmente, resistiu a essas mudanças; segundo, o movimento religioso foi usado também para interesses políticos.

Com o surgimento dos Estados nacionais na Europa, a ascensão política e econômica do poder régio e o enfraquecimento da Igreja Católica propiciaram os embates dos reis e príncipes contra o papa. Assim, cresceu largamente a busca por uma reforma religiosa e por uma independência nacional, sem os ditames da Igreja, também na Suíça, com o calvinismo de João Calvino (1509-1564), e, na Inglaterra, com o anglicanismo do rei Henrique VIII (1491-1547).

Em resposta à Reforma Protestante, surgiu a Reforma Católica, consequência necessária para uma renovação da Igreja. A pós-Reforma foi um período caracterizado, oficialmente, pelo Concílio de Trento (1545, com interrupções, até 1563) e por fortes movimentos internos, na Igreja, marcados por grandes personalidades espirituais, como Santo Inácio de Loyola (1491-1556), São João da Cruz (1542-1591) e Santa Teresa d'Ávila (1515-1582), assim como pela Escola de

Salamanca e por outros teólogos jesuítas. Esses movimentos também aspiravam a uma reforma interna na Igreja Católica.

Os questionamentos que surgiram, embora causassem conflitos, foram também oportunidades de aprofundar as respostas. O Concílio de Trento se destacou pela ênfase nos conceitos de fé e de dogma, principalmente, em resposta ao protestantismo. Como todo evento histórico, é preciso saber situá-lo no seu contexto. Por essa razão, devemos "evitar anacronismos, muito comuns na hermenêutica desse concílio, a fim de precisar-lhes o sentido exato, dentro da documentação tridentina" (Sesboüé, 2006, p. 132). Roberto Belarmino (1541-1621) destaca-se por ser o teólogo da eclesiologia tridentina e o autor do catecismo romano.

O clima defensivo e combatente, entretanto, cresceu no cenário dos séculos XVIII e XIX, nos quais aconteceu uma série de transformações socioculturais, entre elas, a Revolução Industrial, a Revolução Francesa, a consolidação do capitalismo, o Iluminismo e a irrupção de movimentos sociais com as ideias filosóficas de Marx e Hegel. Todo esse cenário foi desenhado por uma forte laicização do Estado e da sociedade como um todo.

> No contexto da modernização industrial e de mudança nas referências e costumes, foram desenvolvidos processos de secularização, através dos quais algumas esferas da vida social começaram a ganhar autonomia do âmbito religioso. Não devemos simplificar o conceito de secularização, certamente muito complexo; também não se pode limitar seu desenvolvimento a determinados períodos da história. [...] A secularização é – declara Di Stefano [2011, p. 4] – "[...] por um lado, a transição dos regimes da cristandade para os da modernidade religiosa; por outro, a permanente recriação das identidades religiosas que essa passagem colocou em movimento". (Monreal, 2020)

Com o Concílio Vaticano I (1869-1870), a teologia católica, fortalecendo o sistema aristotélico-tomista com a neoescolástica, retomou a nostalgia da cristandade, resistindo-se a dialogar com o mundo atual desse período. De acordo com Monreal (2020), "as progressivas condenações das ideias liberais e dos avanços do racionalismo levaram à crescente rejeição dos grupos dominantes e daqueles que interpretavam a posição do Vaticano como um anúncio de ruptura com a modernidade". Para enfrentar o racionalismo moderno, a Igreja acentuou o rigor científico da teologia, esquecendo-se, porém, da dimensão vivencial e pastoral da fé, pois ambas são necessárias para uma sadia teologia cristã.

De acordo com Sesboüé (2006, p. 186), após a Revolução Francesa, houve uma mudança em relação à teologia na Igreja, pois "a tempestade revolucionária abatera, na Europa Ocidental, as universidades e também as faculdades de teologia". Nesse contexto, sob a autoridade da Santa Sé, foi que as instituições acadêmicas, a começar pelo Colégio Romano em Roma e pela Universidade de Louvain na Bélgica, receberam o *status* de universidades pontifícias (Sesboüé, 2006, p. 186). Também nesse contexto, destacamos o bom êxito da obra, publicada em 1854, de H. Denzinger na pesquisa teológica das universidades e seminários.

> H. Deinzinger, professor de dogmática em Würzburg, concebera esse livro como manual escolar prático, uma coletânea de documentos do Magistério, a serviço dos estudantes de teologia. São textos conciliares, pontifícios e episcopais, em sequência cronológica, desde os símbolos de fé até, nos tempos modernos, trechos de encíclicas e outros documentos romanos. Representava, pois, uma documentação muito rica que, de edição em edição, foi sendo cientificamente aperfeiçoada. (Sesboüé, 2006, p. 187)

De fato, a modernidade cunhada nesse período de efervescência iluminista se caracterizou pelo culto à razão autônoma, emancipada por um saber crítico. Todavia, como Boff (2014) afirma, a razão moderna reduziu-se a um saber de caráter técnico, instrumental, de viés socioeconômico. "Sendo no fundo uma razão de poder, necessita ela mesma de crítica e de superação, partindo da interrogação metafísica sobre a essência da verdade" (Boff, 2014, p. 145).

O que podemos constatar é que os conflitos da cosmovisão antiga e medieval com a cosmovisão moderna foram a tônica dos últimos quatro séculos. Não havendo base para um diálogo fecundo, os conflitos terminavam em confrontos estéreis para ambas as partes: religiosa e civil. Segundo García Rubio (2001, p. 23), da parte da teologia, faltou humildade diante dos questionamentos levantados pela nova visão antropológica da sociedade moderna; por sua vez, o pensamento moderno, levado por sua autossuficiência, não reconheceu a riqueza da visão antropológica cristã, refletida e vivida no mundo antigo.

2.5 Teologia contemporânea

A passagem do século XIX para o século XX, do pontificado de Pio XII para o de João XXIII, foi marcada por mudanças significativas para a teologia, que, enfim, captando o seu papel singular, se abriu para o diálogo com a sociedade moderna. A teologia passou a buscar novos ares de renovação, não em busca de novidades, mas, exatamente, numa retomada das suas fontes históricas, bíblicas, patrísticas e da escolástica clássica. Libanio e Murad (2003, p. 140) destacam duas grandes escolas: a de Tübingen, na Alemanha, e a de Roma, na Itália. Ambas iam além do método especulativo, vigente na época, e propunham estudos positivos, históricos.

O início do século XX foi marcado por um despertar da teologia católica, principalmente nas áreas bíblica, patrística e histórica. A abertura ao diálogo com a sociedade, o retorno às fontes bíblicas e patrísticas da fé, a releitura da história da humanidade com base em uma cosmovisão antropológica fez a teologia florescer numa linguagem capaz de comunicar os conteúdos da fé ao ser humano moderno. Por exemplo, nesse contexto, destacamos a apologética da imanência do teólogo M.

Blondel (1861-1949), o qual defendia a tese de que o ser humano tem tendência inata à transcendência (Libanio; Murad, 2003, p. 141).

> Para levar a cabo esta missão, é dever da Igreja investigar a todo o momento os sinais dos tempos, e interpretá-los à luz do Evangelho; para que assim possa responder, de modo adaptado em cada geração, às eternas perguntas dos homens acerca do sentido da vida presente e da futura, e da relação entre ambas. É, por isso, necessário conhecer e compreender o mundo em que vivemos, as suas esperanças e aspirações, e o seu carácter tantas vezes dramático. (Paulo VI, 1965b, GS, n. 4)

O florescimento da teologia cristã é visível no "aparecimento" de teólogos de excepcional envergadura intelectual que se destacaram pela profícua produção teológica.

2.5.1 Concílio Vaticano II

Com o Concílio Vaticano II (1962-1965), ativou-se, em toda a Igreja, o desejo e a necessidade de renovação da liturgia, da exegese, da espiritualidade e da teologia com base nas fontes primitivas. Surgiu a necessidade de "voltar às fontes" do cristianismo. Inesperadamente anunciado pelo Papa João XXIII, apenas três meses após sua eleição papal, no dia 25 de janeiro de 1959, festa da conversão de São Paulo e encerramento da semana de oração pela unidade dos cristãos, a convocação oficial se deu no dia 25 de dezembro de 1961, com a bula papal *Humanae salutis*.

Na introdução do Compêndio do Concílio Vaticano II (1987, p. 10-11), Kloppenburg sintetiza as quatro condições estabelecidas por monsenhor Emílio Guerry a fim de que o concílio alcançasse seu objetivo primordial: 1) quanto à apresentação doutrinária, que fosse revivificada nas fontes da fé; 2) quanto a sua expressão e formulação, que fossem de acessível compreensão, com uma linguagem simples e clara, capaz de ser assimilada pela mentalidade atual; 3) quanto a sua extensão, que fosse capaz de estender-se aos problemas reais do ser humano moderno; 4) em relação a sua finalidade, que fosse, de fato, missionária, voltada ao cuidado apostólico e pastoral de evangelização.

O discurso inaugural do Concílio Vaticano II, proferido pelo Papa João XXIII, exprimiu a necessidade de um novo exame, não sobre o conteúdo da fé, mas sobre sua linguagem e aplicação pastoral, requerida pela sociedade, apontando a necessidade de uma renovação teológica em vistas de linguagem. Segundo afirma o papa: "outro é o 'depósito da fé, isto é, das verdades que estão contidas na nossa **veneranda** doutrina; outro é o modo com o qual essas verdades são anunciadas, sempre, porém, no mesmo sentido e na mesma acepção'" (Zak, 2013, p. 7).

> Mesmo que o Vaticano II não tenha editado nenhum documento dedicado especificamente à teologia, os vocábulos "teologia", "teólogo", "teológico" e outros congêneres encontram-se citados em seus textos mais de quarenta vezes, fazendo parte tanto nos trechos breves como nos longos, contendo referências ou puramente periféricas à teologia ou decisivamente mais centrais, inseridos numa reflexão mais ampla, dedicada ao tema do como "fazer" e ensinar a teologia. Antes de citar algumas dessas passagens, é necessário que eu recorde que a contribuição que o Vaticano II deu para a renovação da teologia emerge em palavras claras já no "novo estilo" de trabalho adotado desde o início pelos padres e pelos peritos conciliares – coisa bem visível, posta à luz por muitos e em muitas ocasiões, como primeiro inconfundível sinal da viragem do método que a assembleia conciliar quis dar aos teólogos e às teólogas. (Zak, 2013, p. 9)

O decreto conciliar *Optatam Totius* (Paulo VI, 1965d, n. 16) é uma proposta de retomada da grande teologia clássica que tem como ponto de partida a Sagrada Escritura, percorrendo, historicamente, o processo de assimilação das verdades de fé, desde os Padres da Igreja e assim sucessivamente, analisando dinamicamente as etapas históricas das definições dogmáticas em relação à história eclesial em âmbito geral (Zak, 2013, p. 13).

2.5.2 A reflexão teológica na contemporaneidade

O contexto contemporâneo é marcado por pluralismos culturais e religiosos. A Comissão Teológica Internacional, no documento *Teologia hoje: perspectivas, princípios e critérios* (CTI, 2012, n. 1), afirma que, após o Concílio Vaticano II, surgiram novas vozes teológicas, provenientes de novos contextos culturais, particularmente, da América Latina, da África e da Ásia; apresentando novos temas para reflexão, aprofundamentos de temas já tratados, e novos espaços para reflexão, como o diálogo ecumênico, inter-religioso e intercultural.

Essas novas perspectivas atuais exigem que a teologia aprenda "a procurar a solução dos problemas humanos à luz da Revelação, e a aplicar essas verdades eternas às mutáveis condições deste mundo e comunicá-las de modo apropriado aos homens contemporâneos" (Ot, n. 16, citado por Zak, 2013, p. 13).

A reflexão teológica, para ser qualitativamente autêntica, deve contemplar a universalidade (princípio universal comum), por fundamentar-se na única Revelação divina, e a particularidade, devido ao caráter contextual em que se situa todo pensamento humano. A teologia hoje, do ponto de vista qualitativo, engloba aspectos que conferem uma reflexão distintamente elevada, como apontam Libanio e Murad (2003, p. 246):

> se refere ao alto grau de elaboração teórica, à coerência e genialidade em recolher, integrar e articular os dados provenientes da Escritura, da Tradição e da vida presente da Igreja. Uma elaboração teológica alcança ainda alto grau de universalidade qualitativa graças à sua mordência, seu valor para alimentar a vida de fé, nos mais diversos aspectos: cognitivo-intelectual, místico-celebrativo e prático.

Do ponto de vista de sua particularidade, a teologia, ao ser elaborada, sofre os condicionamentos históricos e socioculturais nos quais ela está inserida. Por utilizar recursos humanos para se expressar, como a linguagem, a reflexão teológica participa dessa condição contextual. Aqui, não se quer reduzir o conteúdo da fé à sua linguagem. Ao contrário, o que se quer deixar claro é o aspecto condicionante e, muitas vezes, limitado, comum a todo conhecimento humano, inclusive, à teologia, pois Deus transcende nossa compreensão sobre ele. Ao mesmo tempo, esse elemento de particularidade não deve ser apreendido apenas como limitante, mas também como elementar da condição humana. Não se faz uma boa teologia, que possa e saiba comunicar-se, sem esse pressuposto vital.

Síntese

Vimos, neste capítulo, como a teologia se desenvolveu situada em contextos históricos próprios, apresentando, portanto, um rosto histórico dessa área. É imprescindível conhecer os períodos históricos da teologia, identificando seus aspectos positivos e limitantes sem viciar o olhar com uma lente rasa e anacrônica, pois corremos o risco de uma interpretação precipitada e infantil da história.

A teologia-fonte compreende-se no primeiro século da Igreja, com o testemunho dos apóstolos e das primeiras comunidades cristãs. O que a marca é a expansão missionária e os escritos do Novo Testamento (as cartas apostólicas, os Evangelhos e Atos dos Apóstolos), que são a fonte e o paradigma perene da teologia cristã.

A teologia patrística compreende a Antiguidade, que, no Ocidente, para a Igreja latina, vai até Santo Isidoro de Sevilha (560-636); e, no Oriente, para a Igreja grega, se estende até a morte de São João Damasceno (675-749). Nesse período, autores cristãos deixaram grande legado, tecendo um conteúdo teológico ante a vivência da fé na liturgia, na catequese, nos costumes e nos embates às heresias da época.

A teologia escolástica tem como cenário os mosteiros e as ordens religiosas, que assumem papel de destaque na nova cultura medieval, com a criação das escolas monásticas, das escolas catedrais e das universidades, bem como com o estudo das artes liberais. Os séculos VII ao X constituem a fase de gestação da escolástica. Nos séculos X ao XII, estruturaram-se as primeiras linhas do método escolástico, e o século XIII marcou o esplendor da escolástica, tendo como expoentes Santo Alberto Magno, Mestre Eckart e, como expoente máximo, Tomás de Aquino.

Os séculos XIV e XV marcam o processo de ruptura do pensamento clássico medieval para o pensamento moderno, caracterizada pela irrupção de grandes novidades em âmbito político-social e cultural, como a ruptura da unidade da Igreja no Ocidente com a Reforma Protestante, as posteriores revoluções e a secularização. A modernidade, nesse período de efervescência iluminista, caracterizou-se pelo culto à razão autônoma, e a Igreja, em defesa, cristalizou-se, resistindo ao diálogo.

A teologia contemporânea chega com a passagem do século XIX para o século XX, abrindo-se para o diálogo com a sociedade moderna. A teologia passa, então, a respirar novos ares por meio de uma retomada das suas fontes históricas, bíblicas, patrísticas e da escolástica clássica, buscando, à luz da Revelação, aplicar as verdades eternas à mutável condição da realidade humana, aprendendo a comunicá-las de modo apropriado às pessoas de hoje.

A visão teológica que alcançamos hoje decorre da grandeza de homens e mulheres que nos precederam e, sobre suas costas, é que podemos ver além. Para concluir, é importante assimilar as nuances teológicas de cada momento histórico, suas particularidades, assim como também perceber os pontos de unidade que fazem todo o percurso de um fio de ouro que liga o conteúdo da fé na história.

Atividades de autoavaliação

1. A reflexão teológica é assimilada, ampliada e interpretada ao longo do tempo. Por essa razão, estudamos as grandes etapas históricas da teologia, marcadas por características específicas em cada período. O primeiro período histórico remonta à chamada *teologia-fonte*. Assinale a afirmativa correta sobre essa teologia:
    a) Situa-se no Antigo Testamento, mais especificamente, no livro de Gênesis.
    b) Corresponde ao período do exílio dos hebreus na Babilônia.
    c) Situa-se no primeiro século da Igreja, cuja primeira geração cristã refletiu sua fé no Mistério pascal, com base no testemunho dos apóstolos e da comunidade primitiva.
    d) Situa-se no período dos Padres da Igreja, como Santo Agostinho de Hipona.
    e) Corresponde ao período histórico de Jesus Cristo, encerrando com sua morte.

2. Leia o trecho a seguir:

    > O princípio patrístico "crer para compreender e compreender para crer" ilumina este momento teológico. Recusa-se separar inteligência e fé, reflexão e caridade vivida, conhecimento profano do mundo e conhecimento esperançado à luz da Revelação. Compreender e crer condicionam-se mutuamente. Os padres veem a teologia como "anagogia", subida rumo ao mistério divino. (Libanio; Murad, 2003, p. 118)

    Com base nessa afirmação e no que se refere ao período da teologia patrística, analise as afirmações a seguir:
    I. A teologia patrística compreende, no Ocidente, o período que vai até Santo Isidoro de Sevilha (560-636); e, no Oriente, o período que vai até a morte de São João Damasceno (675-749).

II. A patrística ocupa-se do pensamento teológico dos Padres da Igreja, ou seja, dos primeiros pais, contendo um caráter mais doutrinal.
III. Trata-se de um período marcado pela criação das escolas nos grandes mosteiros da Europa, as quais, posteriormente, fundaram as universidades.
IV. Há duas grandes escolas teológicas que marcaram a patrística e imprimiram a sua identidade nas grandes questões teológicas dos séculos posteriores: Alexandria e Antioquia.
V. A fase de ouro desse período foi marcada pelos quatro grandes concílios ecumênicos, que fundamentaram os dogmas centrais da fé.

Assinale a alternativa correta:
a) As afirmativas II, III e V são verdadeiras.
b) As afirmativas I, II, IV e V são verdadeiras.
c) As afirmativas III e V são verdadeiras.
d) Todas as afirmativas são verdadeiras.
e) Nenhuma das alternativas anteriores é verdadeira.

3. A teologia escolástica marca um importante período na história da Igreja. Considerando seus estudos sobre o tema, indique a afirmativa correta:
a) A palavra *escolástica* deriva do latim *scholasticus* e significa aquele ou aquilo que pertence à escola, instruído, sábio. Trata-se de um método não somente de estudo, mas também que constituía uma visão de mundo, que marcou a Idade Média.
b) Nesse período, as primeiras universidades do mundo foram embriões dos grandes mosteiros, que se empenhavam, além do cultivo da oração, no cultivo do intelecto, pois ambos eram frutos de um caminho de interioridade e de observação atenta a si e ao cosmos como um todo, em orientação para Deus.

c) O instrumento orgânico da escolástica foi a dialética, entendida como o uso metódico da razão.
d) Todas as alternativas anteriores estão corretas.
e) Nenhuma das alternativas anteriores está correta.

4. Em relação à teologia escolástica, indique se as afirmações a seguir são verdadeiras (V) ou falsas (F).
   ( ) No século XI, houve uma tensão entre a teologia produzida nos grandes mosteiros, tendo como expoente São Bernardo de Claraval, e a teologia que passou a ser produzida nas escolas universitárias, tendo como expoentes Abelardo e Pedro Lombardo.
   ( ) Quem fez a síntese das duas escolas teológicas foi Anselmo de Cantuária, pai da escolástica medieval, que harmonizou o pensamento teológico clássico ao pensamento especulativo dialético com o axioma: *"fides quaerens intellectum"*, ou seja, a fé em busca da inteligência.
   ( ) Quem fez a síntese das duas escolas teológicas foi Karl Rahner, que harmonizou o pensamento teológico clássico em diálogo com o mundo moderno.
   ( ) Nesse período, ocorreu o cisma entre o Oriente e o Ocidente (1054) e a teologia oriental manteve o estilo simbólico patrístico, apofático e contemplativo, resistindo à razão dialética sistemática que cresceu na teologia ocidental.

Assinale a alternativa que apresenta a sequência correta:
a) F, V, F, V.
b) F, F, V, V.
c) V, V, F, V.
d) V, F, F, V.
e) V, V, V, V.

5. Com base nos estudos sobre os marcos históricos da teologia moderna, é correto afirmar:
   a) Os séculos XIV e XV marcaram o processo de ruptura do pensamento clássico medieval, caracterizado pela cosmovisão teocêntrica da cristandade, para o pensamento moderno, definido pela cosmovisão antropocêntrica da secularização.
   b) A Reforma Protestante ocorreu com Martin Luther King, na década de 1960, nos Estados Unidos.
   c) O Concílio Vaticano II foi a pós-Reforma da Igreja Católica, ocorrido entre 1545, com interrupções, até 1563.
   d) A Revolução Industrial, a Revolução Francesa, a consolidação do capitalismo e o Iluminismo marcaram toda a Idade Média.
   e) Os séculos V e VI marcaram o processo de ruptura do pensamento clássico medieval para o pensamento moderno, seguindo com o início do período patrístico.

Atividades de aprendizagem

Questões para reflexão

1. Neste capítulo, vimos que a teologia contemporânea recebeu a influência de três movimentos importantes para o seu desenvolvimento: o movimento bíblico, o patrístico e o litúrgico. Tomando como base a obra de Battista Mondin, *Os grandes teólogos do século vinte* (1979), vejamos o trecho em que ele destaca a contribuição do movimento patrístico para a teologia contemporânea:

   > O retorno aos Padres é uma das mais notáveis e importantes características da teologia do nosso século. Não se trata de um retorno motivado por razões de cultura, pela curiosidade de conhecer o pensamento exato dos primeiros teólogos da Igreja – em uma palavra, por simples motivos filológicos. Tampouco se deve a motivos apologéticos, para justificar a fé atual contra aqueles que

> lhe contestam a autenticidade. O retorno aos Padres encontra sua razão última na avaliação do seu pensamento como fonte essencial da teologia cristã. E o é, efetivamente, pela razão que se segue. A teologia é reflexão sobre a Revelação, reflexão que, como já vimos, ocorreu desde o início da Igreja. Os Padres da Igreja foram os primeiros a dar à mensagem divina um esquema filosófico, em substituição ao esquema da linguagem comum em que fora anunciada. Portanto, para retornar o contato com a mensagem revelada, tendo em vista repropô-la ao homem de hoje, é indispensável passar pelos Padres. Este retorno que, desde o fim do século passado vem sendo tão maciço, é substancialmente fruto de uma exigência teológica. (Mondin, 1979, p. 21)

Agora, considerando o excerto, escreva seu entendimento sobre a contribuição dos Padres da Igreja à teologia.

2. De acordo com o que estudamos, brevemente, sobre a importância do Concílio Vaticano II para a teologia atual, tomemos um trecho do discurso de abertura de São João XXIII, em que apresenta a finalidade desse evento eclesial:

> A finalidade principal deste Concílio não é, portanto, a discussão de um ou outro tema da doutrina fundamental da Igreja, repetindo e proclamando o ensino dos Padres e dos Teólogos antigos e modernos, que se supõe sempre bem presente e familiar ao nosso espírito.
>
> Para isto, não havia necessidade de um Concílio. Mas da renovada, serena e tranquila adesão a todo o ensino da Igreja, na sua integridade e exatidão, como ainda brilha nas Atas Conciliares desde Trento até ao Vaticano I, o espírito cristão, católico e apostólico do mundo inteiro espera um progresso na penetração doutrinal e na formação das consciências; é necessário que esta doutrina certa e imutável, que deve ser fielmente respeitada, seja aprofundada e exposta de forma a responder às exigências do nosso tempo.

> Uma coisa é a substância do "depositum fidei", isto é, as verdades contidas na nossa doutrina, e outra é a formulação com que são enunciadas, conservando-lhes, contudo, o mesmo sentido e o mesmo alcance. Será preciso atribuir muita importância a esta forma e, se necessário, insistir com paciência, na sua elaboração; e dever-se-á usar a maneira de apresentar as coisas que mais corresponda ao Magistério, cujo caráter é prevalentemente pastoral. (João XXIII, 1962)

Com base no texto lido e no que abordamos até aqui, escreva suas percepções sobre a desafiante tarefa teológica no mundo atual.

Atividade aplicada: prática

1. Para inspirar a atividade prática, leia o breve texto de Bruno Forte (citado por Libanio; Murad, 2003, p. 111):

   > Como anões nas costas de gigantes, graças a eles olhamos mais longe do que eles: é revisitando o caminho feito pelos que nos precederam na história da fé e do seu pensamento reflexivo, que é possível motivos e sinais, capazes de impulsionar a vida para a frente. Longe de ser a casa da nostalgia, a memória habitada pelo presente e nele residindo com suas provocações e seus tesouros, é terreno da profecia, caminho de futuro.

   Observe, em sua comunidade eclesial, as pessoas que se dedicaram, por muito tempo, por meio dela, a Deus. Talvez, já tenham falecido. Superando a tendência de focar nos limites e nas fraquezas saturados, o exercício é fazer memória, voltando-se à esfera dos aspectos positivos que essas pessoas deixaram à comunidade, como um legado às novas gerações. Redija suas observações em um diário de bordo.

3
Fontes da teologia

A palavra *fonte* é um substantivo que designa o manancial, a nascente de água, o local onde brota água do solo. Na Sagrada Escritura, a fonte simbolizava um sinal de bênção, de vida e de esperança, pois, no solo árido da Judeia, encontrar uma fonte de água era, muitas vezes, mais valioso do que o ouro. Há várias passagens bíblicas que aludem à simbologia da fonte como nascentes de água viva (Sl 35:7-10; Is 49:10; Jr 2:13; Jl 3:18; Zc 13:1; Jo 4:10)[1].

---

1 Todas as passagens bíblicas indicadas neste capítulo são citações de Bíblia (1995).

Neste capítulo, apresentaremos as fontes da teologia, as nascentes do fazer teológico, o lugar de onde flui o pensamento teológico. A fonte, por excelência, é o próprio Deus, que nos dá de beber das torrentes de suas delícias porque Ele é e nele está a fonte da vida (Sl 35:9-10). Na teologia cristã, essa fonte da vida é mais palpável em Jesus Cristo, o revelador do Pai (Jo 1:14).

Para ilustrar, teologicamente, a força simbólica do termo adotado, imaginemos o seguinte: nós, seres humanos, caminhamos sedentos no deserto deste mundo à procura de água. Mas não é qualquer água que sacia nossa sede. Se não for pura e fresca, dificilmente, nos fará bem. Se nos precipitarmos sobre uma água turva, suja e salobra, além do mal-estar, a sede permanecerá. A seguir, apresentaremos quais são as fontes teológicas sadias que podemos acessar para saciar nossa sede de Deus.

3.1 Sagrada Escritura

A Sagrada Escritura é a alma da teologia, fonte segura de acesso à Palavra de Deus. De fato, "toda a Escritura é inspirada por Deus e útil para instruir, para refutar, para corrigir, para educar na justiça, a fim de que o homem de Deus seja perfeito, qualificado para toda boa obra" (2Tm, 3: 16-17). A Constituição Dogmática *Dei Verbum* afirma que "as coisas reveladas por Deus, contidas e manifestadas na Sagrada Escritura, foram escritas por inspiração do Espírito Santo" (Paulo VI, 1965a, DV, n. 11), mas também que devemos aprender a interpretá-la, pois: "Deus na Sagrada Escritura falou por meio dos homens e à maneira humana, o intérprete da Sagrada Escritura, para saber o que Ele quis comunicar-nos, deve investigar com atenção o que os hagiógrafos realmente quiseram significar e que aprouve a Deus manifestar por meio das suas palavras" (Paulo VI, 1965a, DV, n. 12).

A fé judaico-cristã não começou, necessariamente, pelo livro, mas pela tradição oral. A história do povo de Israel foi memorizada por séculos por meio de uma fiel tradição oral, antes da escrita. Do mesmo modo, o cristianismo não é uma religião do livro, mas do *Logos*, ou seja, da Palavra de Deus, "não uma palavra escrita e muda, mas do Verbo encarnado e vivo" (Bento XVI, 2010, VD, n. 7). O ponto-chave dessa compreensão está em entender que Deus se revela comunicando-se, dando-se a conhecer no diálogo que quer estabelecer conosco.

O Pai cria o mundo exprimindo a sua Palavra no Espírito Santo. Aqui, entra o mistério trinitário de um Deus que é e se move trinitariamente. A Palavra do Pai é o Filho que se encarnou pela força do Espírito Santo. Diante dessa premissa, é preciso entender que a Palavra de Deus se encontra na Sagrada Escritura quando lida e tornada tradição, ou seja, vivência concreta e constante, *na* e *pela* comunidade de fé.

> Deus comunicou a sua Palavra na história da salvação, fez ouvir a sua voz; com a força do seu Espírito, "falou pelos profetas". Por conseguinte, a Palavra divina exprime-se ao longo de toda a história da salvação e tem a sua plenitude no mistério da encarnação, morte e ressurreição do Filho de Deus. E Palavra de Deus é ainda aquela pregada pelos Apóstolos, em obediência ao mandato de Jesus Ressuscitado: "Ide pelo mundo inteiro e anunciai a Boa Nova a toda a criatura" (Mc 16, 15). Assim a Palavra de Deus é transmitida na Tradição viva da Igreja. (Bento XVI, 2010, VD, n. 7)

Para Boff (2014, p. 28), "a revelação detém sobre a razão um primado absoluto. Ela encontra no ser humano certa correspondência, mas não um condicionamento qualquer. Por isso, o ser humano só pode acolher a Palavra no maravilhamento da contemplação e do amor, fonte secreta de toda palavra teológica". Baseada na carta aos hebreus, a Comissão Teológica Internacional (CTI, 2012, n. 9) afirma que:

> Um critério da teologia católica é o reconhecimento da primazia da Palavra de Deus. Deus fala "muitas vezes e de modos diversos": na criação, através dos profetas e sábios, por meio das Sagradas Escrituras

e, de forma definitiva, através da vida, morte e ressurreição de Jesus Cristo, o Verbo feito carne (cf. *Hb* 1: 1-2).

Quando vamos à fonte da Sagrada Escritura, devemos ter presente alguns pressupostos a fim de não instrumentalizá-la e para que saibamos recorrer a ela corretamente. Por essa razão, devemos ter em conta que Deus falou na Sagrada Escritura por meio de seres humanos, e não de anjos, e, por essa mediação, comunicou-se à maneira humana.

Nesse sentido, exige-se que o teólogo desenvolva habilidade de interpretação, procurando descobrir o que aprouve a Deus manifestar por meio daquelas palavras, por isso a importância de identificar os gêneros literários dos textos bíblicos, conhecer o contexto histórico, social e cultural em que o episódio bíblico foi vivido, bem como os contextos em que o texto foi escrito. A Constituição dogmática *Dei Verbum* afirma que a Sagrada Escritura deve ser lida e interpretada com o mesmo espírito com que foi escrita e, ainda, que "não menos atenção se deve dar, na investigação do reto sentido dos textos sagrados, ao contexto e à unidade de toda a Escritura, tendo em conta a Tradição viva de toda a Igreja e a analogia da fé" (Paulo VI, 1965a, DV, n. 10).

3.2 Tradição

Quando se fala em *tradição*, há muitas interpretações semânticas em torno da palavra. O cenário sociocultural apresenta-se hostil àquilo que refere à ideia de permanente, pois vivemos em tempos líquidos e, segundo Zygmunt Bauman (2007, p. 13), "na sociedade contemporânea, nada é feito para durar". Todavia, se quisermos desenvolver uma leitura teológica madura e aprofundada, é necessário superar essa cosmovisão curta e equivocada, própria de uma visão sem solidez.

A palavra *tradição* tem sua origem no termo latino *traditio*, que significa "entregar", "transmitir", "passar adiante". Quando falamos em tradição cultural, nos reportamos a um conjunto de costumes, comportamentos, memórias e crenças que são transmitidos a um povo de geração em geração, definindo, desse modo, aspectos de sua identidade. Para que algo se estabeleça como tradição, é necessária, portanto, a maturação do tempo, a fim de que o hábito seja instituído.

Há uma única fonte da Revelação divina da qual decorrem duas vertentes: a Tradição e a Escritura. "A relação entre a Escritura e a Tradição afeta, intimamente, o estudo da teologia, pois o teólogo sempre enfrenta o problema de como devemos considerar os ensinamentos rudimentares da Escritura e levar em conta o florescimento desses ensinamentos à medida que se desenvolvem plenamente" (Fitzmyer, 1997, p. 79).

> Quando falamos em tradição cultural, nos reportamos a um conjunto de costumes, comportamentos, memórias e crenças que são transmitidos a um povo de geração em geração, definindo, desse modo, aspectos de sua identidade. Para que algo se estabeleça como tradição, é necessária, portanto, a maturação do tempo, a fim de que o hábito seja instituído.

No Novo Testamento, as Cartas Pastorais atentam para a necessidade de conservar o "depósito da fé" e a Tradição recebida dos Apóstolos (1 Tim 1:18; 2 Tim 1:13-14; 2:2; 2 Pd 3:2). Paulo, em sua carta aos Coríntios, diz que sua pregação é transmissão de algo recebido, e não criado por ele mesmo: "Com efeito, eu mesmo recebi do Senhor o que vos transmiti: na noite em que foi entregue, o Senhor Jesus tomou o pão" (1 Cor 11:23; 18:3). Ou seja: "A *lex orandi* (a regra da oração), a *lex credendi* (a regra da fé) e a *lex vivendi* (a regra de vida) são todos aspectos essenciais dessa Tradição. Paulo se refere à Tradição, na qual ele foi incorporado como um apóstolo, quando fala de 'transmitir' aquilo que ele 'mesmo recebeu' (CTI, 2012, n. 25).

Quem assegura a vitalidade desse legado, herdado e transmitido sucessivamente, é o Espírito Santo, que o atualiza continuamente. "É o Espírito Santo que faz com que o *depositum* confiado à Igreja não venha a significar só coisa do passado; por uma relação recíproca entre o que é conservado e aquela que conserva, ele os mantém a ambos com força de juventude" (Kampling, citado por Eicher, 2005, p. 961).

Duas leituras extremas em relação à Tradição levam a conflitos insanáveis, como ocorreu com a polêmica entre católicos e protestantes no período da Reforma. Atualmente, ambas as Igrejas amadureceram a sua compreensão, mas, no período citado, do lado protestante, acentuava-se a exclusividade absoluta da Escritura como fonte da Revelação – *sola Scriptura*. O lado católico, por alguns teólogos, interpretou que havia duas fontes independentes da Revelação. Após uma maturação hermenêutica, o Concílio Vaticano II apresentou, em texto finamente elaborado, a relação intrínseca entre a Escritura e a Tradição, ambas originadas da mesma fonte: a Revelação.

> A sagrada Tradição, portanto, e a Sagrada Escritura estão intimamente unidas e compenetradas entre si. Com efeito, derivando ambas da mesma fonte divina, fazem como que uma coisa só e tendem ao mesmo fim. A Sagrada Escritura é a palavra de Deus enquanto foi escrita por inspiração do Espírito Santo; a sagrada Tradição, por sua vez, transmite integralmente aos sucessores dos Apóstolos a palavra de Deus confiada por Cristo Senhor e pelo Espírito Santo aos Apóstolos, para que eles, com a luz do Espírito de verdade, a conservem, a exponham e a difundam fielmente na sua pregação; donde resulta assim que a Igreja não tira só da Sagrada Escritura a sua certeza a respeito de todas as coisas reveladas. Por isso, ambas devem ser recebidas e veneradas com igual espírito de piedade e reverência. (Paulo VI, 1965a, DV, n. 9)

Desse modo, a Tradição assume um papel dinâmico na compreensão da Escritura, que, na perspectiva do Espírito, não mata a letra, mas lhe dá a vida (Rm 7: 6), pois tem a função não de apresentar verdades próprias, mas de mostrar como a Escritura vem sendo interpretada ao longo da Tradição de fé da Igreja. Às vezes, as formas simples e concisas da Escritura são pela Tradição ampliadas, sem falsear-lhes o sentido, em compreensões explicitadas e tematizadas (Libanio, 2014, p. 185-186).

Para superar uma visão ambígua sobre o termo, cabe saber distinguir a tradição apostólica da Igreja das tradições eclesiásticas epocais, que marcaram um período da história da Igreja, mas que não consistem em sua essência eclesial, nem garantem o fundamento da fé. O Catecismo da Igreja Católica (CIC, 1992, n. 83) coloca de modo bem claro essa distinção:

> A Tradição de que falamos aqui é a que vem dos Apóstolos. Ela transmite o que estes receberam do ensino e do exemplo de Jesus e aprenderam pelo Espírito Santo. De fato, a primeira geração de cristãos não tinha ainda um Novo Testamento escrito, e o próprio Novo Testamento testemunha o processo da Tradição viva. É preciso distinguir, desta Tradição, as "tradições" teológicas, disciplinares, litúrgicas ou devocionais, nascidas no decorrer do tempo nas Igrejas locais. Elas constituem formas particulares, sob as quais a grande Tradição recebe expressões adaptadas aos diversos lugares e às diferentes épocas. É à sua luz que estas podem ser mantidas, modificadas e até abandonadas, sob a direção do Magistério da Igreja.

Assim, tendo presente essa explanação distinta a respeito da Tradição, podemos assimilar que a relação entre Escritura e Tradição se estabelece corretamente quando compreendidas como duas formas de transmissão distintas da única fonte da Revelação.

3.3 Magistério

A terceira fonte da teologia, apresentada neste capítulo, é o magistério da Igreja. A teologia não é uma atividade puramente privada, como se o teólogo fizesse uma teologia cristã individualmente isolada, mas consiste em uma atividade essencialmente eclesial: "a Igreja é o sujeito primário e o espaço vital de exercício da teologia" (Boff, 2014, p. 79).

O magistério vivo da Igreja é o serviço confiado ao Colégio Apostólico para interpretar, com autenticidade, a Palavra de Deus, escrita ou contida na Tradição, "cuja autoridade é exercida em nome de Jesus Cristo, isto é, aos bispos em comunhão com o sucessor de Pedro, o bispo de Roma" (CIC, 1992, n. 85). Sendo um serviço,

> o magistério não está acima da Palavra de Deus, mas sim ao seu serviço, ensinando apenas o que foi transmitido, enquanto, por mandato divino e com a assistência do Espírito Santo, a ouve piamente, a guarda religiosamente e a expõe fielmente, haurindo deste depósito único da fé tudo quanto propõe à fé como divinamente revelado. (CIC, 1992, n. 86)

Essa compreensão a respeito do magistério exige uma fundamentação eclesiológica baseada na consciência de que a Igreja é depositária duma mensagem, cuja origem é o próprio Deus (2 Cor 4: 1-2) e tem a missão de guardar esse depósito da fé no frescor do Espírito Santo. São João Paulo II (1998), na encíclica *Fides et ratio*, n. 7, afirma que "o conhecimento que ela propõe ao homem não provém de uma reflexão sua, nem sequer da mais alta, mas de ter acolhido na fé a Palavra de Deus (1 Tes 2: 13)".

A CTI (2015, n. 1), baseando-se na premissa de que todos os batizados, pelo dom do Espírito Santo, participam da missão profética de Jesus Cristo, "a testemunha fiel e verdadeira" (Ap 3:14), afirma que, precisando "dar testemunho do Evangelho e da fé dos apóstolos na Igreja e no mundo", com a unção e os dons correspondentes para esta alta vocação, cada batizado recebe um conhecimento muito pessoal e íntimo da fé da Igreja.

Nesse aspecto, o Concílio Vaticano II valoriza dois conceitos que matizam o peso da autoridade do magistério: o *sensus fidei* e o *sensus fidelium*. Basicamente, o termo *sensus* quer dizer "senso", ou "sentido", indicando uma noção adquirida por meio dos sentidos, uma capacidade de percepção. O termo *fidei* quer dizer "fé" e indica, subjetivamente, uma atitude interna de entrega e de confiança como a marca do selo em nossas vidas pelo Espírito Santo (2 Cor 1:19-20). O *sensus fidelium* compreende o senso da fé em sentido mais objetivo. A seguir, vejamos com mais profundidade o significado das duas expressões latinas.

O *sensus fidei* reflete um conhecimento conatural da fé por meio do influxo do Espírito Santo como uma luz participativa em Deus, que permite ao fiel a compreensão de fé. De modo mais sintético, "o *sensus fidei* refere-se à aptidão pessoal que tem um crente, no seio da comunhão da Igreja, para discernir a verdade da fé" (CTI, 2015, n. 3). A Igreja, como conjunto de fiéis, está impregnada do *sensus fidei*, que se exprime, desenvolve e se intermedia. Por essa razão, também confere uma dimensão comunitária e eclesial.

> A totalidade dos fiéis que receberam a unção do Santo (Jo 2, 20 e 27), não pode enganar-se na fé; e esta sua propriedade peculiar manifesta-se por meio do sentir sobrenatural da fé do povo todo, quando este, "desde os bispos até ao último dos leigos fiéis", manifesta consenso universal em matéria de fé e costumes. Com este sentido da fé, que se desperta e sustenta pela ação do Espírito de verdade, o povo de Deus, sob a direção do sagrado Magistério que fielmente acata, já não recebe simples palavra de homens, mas a verdadeira Palavra de Deus (1 Tes. 2,13), adere indefectivelmente à fé uma vez confiada aos santos (Jd. 3), penetra-a mais profundamente com juízo acertado e aplica-a mais totalmente na vida. (Paulo VI, 1964, LG, n. 12)

Segundo J. Newman (citado por Sesboüé, 2001, p. 117), o *sensus fidei* vai desde "um instinto, um tato eminentemente cristão, que conduz a toda verdadeira doutrina à capacidade de discernimento ou carisma imediato do Espírito". Trata-se de uma capacidade atribuída, pelo dom do batismo, à comunidade de fé.

> Esse discernimento, uma vez expresso em termos gerais pela comunidade de fé, torna-se o *sensus fidelium*, que é o lugar teológico da ação de Deus, que se revelou a seu povo. Sendo assim, o Magistério faz-se intérprete autorizado da fé do povo, discernida e vivida nas diversas situações do mundo, não sendo possível a este ignorar essa capacidade dos fiéis de receber a fé apostólica e traduzi-la em vivência evangélica. (Carmo, 2016)

O *sensus fidelium* é uma realidade muito conhecida e utilizada pelos Padres da Igreja, que recorriam a esse princípio para definir e garantir a fé verdadeira no decorrer de muitas situações. Na Idade Média, esse princípio aparece de forma mais rudimentar. São Tomás reconhecia o instinto natural do cristão com as coisas da fé indicando a ideia do *sensus fidei*. Todavia, foi no Concílio Vaticano II que se enfatizou a função profética de todo o povo fiel como "aquele que não pode enganar-se no ato da fé" (Paulo VI, 1964, LG, n. 12).

Para Boff (2014, p. 79), o *sensus fidelium* é sinônimo de "magistério comum", de modo informal, pela vivência da fé e reconhecimento do que é certo e errado em questão doutrinária; e de modo formal, mediante meios oficiais de representação eclesial, como os sínodos e outras assembleias. O magistério pontifício coloca-se dentro da dinâmica do magistério pastoral, constituído hierarquicamente, e compreendendo-se como sua expressão concentrada e culminante.

Obviamente, o magistério pontifício é assistido pelo Espírito Santo de modo especial e singular pelo carisma da infalibilidade (Boff, 2014, p. 82). Todavia, independentemente dos cargos hierárquicos, o *sensus fidelium* remonta, em última análise, à presença do Espírito Santo em toda a Igreja, habitando o coração dos fiéis, dando-lhes verdadeiro olfato da fé (*sensus fidei*) a fim de que distingam a autenticidade das manifestações da fé (Libanio, 2014, p. 190). Assim, o *sensus fidelium* é uma expressão clara da recepção da fé por parte dos fiéis.

3.4 Lugares teológicos

Um *lugar teológico*, do latim *loci theologici*, é uma expressão recorrente na teologia contemporânea. Para explicitar o sentido do termo, iremos nos valer da narrativa e da imagem teofânica do lugar onde Deus se revelou a Moisés, citado no livro do Êxodo 3:1-7;10:

Moisés apascentava o rebanho de Jetro, seu sogro, sacerdote de Madiã. Um dia em que conduzira o rebanho para além do deserto, chegou até a montanha de Deus, Horeb. O anjo do Senhor apareceu-lhe numa chama de fogo, do meio a uma sarça. Moisés olhou e eis que a sarça ardia no fogo, mas não se consumia. Então disse Moisés:

— Vou me aproximar para contemplar esse extraordinário fenômeno, e saber por que a sarça não se consome.

Vendo o Senhor que ele se aproximou para ver, chamou-o do meio da sarça: — Moisés, Moisés!

— Eis-me aqui! — respondeu ele.

E Deus lhe disse:

— Não te aproximes daqui. Tira as sandálias dos teus pés, porque o lugar em que te encontras é uma terra santa.

E disse mais:

— Eu sou o Deus de teus pais, o Deus de Abraão, o Deus de Isaac e o Deus de Jacó.

Moisés então cobriu o rosto, e não ousava olhar para Deus.

O Senhor disse:

— Eu vi, eu vi a aflição de meu povo que está no Egito, e ouvi os seus clamores por causa de seus opressores; pois Eu conheço as suas angústias. [...] Vai, pois, e eu te enviarei ao faraó, para fazer sair do Egito o meu povo, os filhos de Israel.

Partindo dessa narrativa bíblica, ilustramos, mais nitidamente, a ideia de um lugar teológico como **um espaço onde Deus se revela**; no qual somos convidados a "tirar as sandálias de nossos pés" quando o pisamos, a fim de senti-lo sensivelmente, pois ele mesmo vem carregado de uma mensagem divina, de uma realidade nova em que Deus está e ali fala. Para tanto, é necessário esse despojamento interior para habilitar nossa percepção de Deus nos lugares em que Ele se revela.

Assim, a teologia cristã reflete sobre os *loci theologici*, isto é, as referências fundamentais para a tarefa teológica. Melchior Cano (1509-1560), teólogo dominicano, cunhou o termo *lugar teológico*, desenvolvendo-o, sistematicamente, como referência de autoridade para a definição da doutrina cristã. Ele apresenta dez lugares teológicos, capazes de assegurar a comprovação dogmática da fé (Sesboüé, 2006, p. 142).

Veremos que esses lugares teológicos são, de certo modo, repetitivos ao que tem sido exposto neste capítulo, pois se referem também à ideia de fontes da teologia. De acordo com a CTI (2015, n. 31), Melchior Cano, em sua obra *De theologicis loci* (1964), apresenta, de modo original, uma abordagem muito bem desenvolvida em relação ao *sensus fidei fidelium*, defendendo o reconhecimento, por parte dos fiéis, da tradição na argumentação teológica. Isso significa uma virada com relação ao método teológico vigente da época.

> Nesse aspecto, Cano está nas origens da teologia moderna que, à diferença da escolástica medieval, irá enfocar a referência magisterial em evidência crescente. Teólogo será, antes de mais nada, o que alinha as provas da fé, com base nos lugares teológicos, dando relevo especial à autoridade dos concílios e do pontífice romano. Depois das Sumas medievais, estruturadas em questões, virão os tratados de teologia com suas teses de abrangência total. (Sesboüé, 2006, p. 147)

Vale situar que a originalidade do tema remonta o período histórico do Concílio de Trento, marcado pelo acirrado debate após a Reforma Protestante, que exigia uma revisão quanto à explanação das teses cristãs. Segundo Sesboüé (2006, p. 147), "a obra de M. Cano marca uma mudança de método e de objetivos na teologia, com o propósito explícito de inaugurar uma teologia mais adequada às necessidades de seu tempo". Nesse sentido, o seu foco de trabalho era sistematizar tudo aquilo que constituía prova de fé, recorrendo à sua autoridade, e não mais às razões especulativas apenas. Sesboüé (2006, p. 142) sintetiza os dez lugares teológicos citados por M. Cano, apresentando-os da seguinte maneira:

> 1º. A Sagrada Escritura em seus livros canônicos.
> 2º. As tradições de Cristo e dos apóstolos, indicando aqui o que foi transmitido oralmente.
> 3º. A própria Igreja.
> 4º. Os Concílios gerais.
> 5º. A Igreja romana, pelo fato de o bispo ser o próprio pontífice.
> 6º. Os Padres da Igreja.
> 7º. Os teólogos clássicos da escolástica.
> 8º. A razão natural.
> 9º. Os filósofos que seguem a natureza como guia.
> 10º. A história humana.

Nesse breve esboço, a ordem numeral não é aleatória, mas indica uma hierarquia em relação a cada lugar teológico citado. É importante sabermos não apenas os *loci*, mas também o seu peso relativo e a relação entre eles, sem absolutizar apenas um em detrimento dos outros (CTI, 2012, n. 20). Com a exposição desses dez lugares teológicos, abre-se um leque de possibilidades para a pesquisa teológica porque, consultados com madura responsabilidade, aprimoram a reflexão.

O grupo dos sete primeiros lugares é específico da teologia, distinguindo-se em duas categorias constitutivas da fé: a Escritura e as tradições ligadas ao conteúdo da Revelação. Nesse aspecto, os dois primeiros lugares são fundadores e os cinco seguintes são lugares de interpretação e transmissão do conteúdo revelado. Para Cano, trata-se de um movimento sobre o qual se origina a autenticidade da fé: *in credendo*, entre os fiéis, e *in docendo*, no ensinamento entre os doutores

(Sesboüé, 2006, p. 144). O grupo dos três últimos lugares extrapola os lugares habituais do pensamento teológico institucional, pois compõe os espaços que superam o campo comum das autoridades de fé. Segundo Cano, nesse grupo, deve-se buscar o consenso de fé nas verdades relacionadas ao conteúdo da Revelação (Sesboüé, 2006, p. 146).

Desse modo, tenhamos presente que este mundo é obra divina, nem sempre bem administrada por nós, seres humanos, mas que permanece criação de Deus. Logo, essa obra criadora do Pai, no Filho pelo Espírito Santo, é lugar de sua Revelação. Recorramos à imagem bíblica que expressa a relação original de Deus com o ser humano: Gênesis 3:8 narra que Adão conhecia os passos de Deus no jardim. Reconhecermos alguém pelos seus próprios passos é sinal sensível de intimidade com essa pessoa. É preciso que retomemos essa postura atenta à presença de Deus, pois ela se caracteriza como marca distintiva de um bom teólogo cristão.

3.5 Experiência de fé

A fé não é apenas um quesito na construção da teologia cristã, mas também é fonte de onde flui a sua reflexão. Essa compreensão, embora, atualmente, não seja consenso entre alguns pensadores contemporâneos, é fundamental para o edifício teológico que será erguido. A fé se dá pela *experiência* no sentido original da palavra.

> A palavra experiência remete à ação de ir ao exterior (ex) das coisas, para buscar prová-las (per). Experiências baseiam-se em percepções sensoriais em contato com o real. Percebemos o real com os sentidos para "adquiri-lo" pela razão no exercício de sua atividade reflexiva e interpretativa. Sob a influência da moderna subjetivação, o conceito de experiência será parte da prática do conhecimento, mas reduzido ao domínio da natureza. Ou seja, nessa

ótica, a experiência é equivalente ao *empirismo* das ciências exatas, físicas, biológicas ou químicas. Esse é um conceito reducionista de experiência, pois concebe que o sujeito se debruce sobre o objeto para conhecê-lo e dominá-lo. Experimentar será, portanto, a atividade de propor experimentos que passam a ser repetidos com o objetivo de levar o sujeito ao conhecimento do "funcionamento" das coisas. (Mariani, 2020)

No entanto, segundo Moltmann (1998, p. 32), a experiência não é apenas fazer. Existe uma dimensão passiva da experiência que deve ser considerada. Nesse sentido, a experiência é também um "sofrer", um ser afetado pelas ocorrências que nos atingem em contato com o real. "Percebemos com nossos sentidos as ocorrências que nos atingem, elas tocam-nos o corpo, penetram nas camadas inconscientes de nossa alma, e de certo só uma pequena parte delas torna-se consciente e é 'adquirida' pela razão no exercício de sua atividade reflexiva e interpretativa" (Moltmann, 1998, p. 32).

Assim, não podemos entender a experiência apenas no sentido ativo como um meio que leva ao conhecimento do que é útil, porque há também o sentido passivo da experiência como algo que nos ocorre na medida em que nos posicionamos no mundo como seres de relação. "Não sou eu

> Na relação com o mundo, com o outro e com Deus, não passamos ilesos, mas somos profundamente afetados e transformados em nossa maneira de pensar, sentir e agir.

que faço a experiência, mas sim a experiência que faz algo em mim. Eu percebo com meus sentidos o acontecer externo e observo em mim as alterações que ele realiza" (Moltmann, 1998, p. 34).

Por exemplo, na relação com o mundo, com o outro e com Deus, não passamos ilesos, mas somos profundamente afetados e transformados em nossa maneira de pensar, sentir e agir. Não se trata de um experimento de laboratório, à base apenas da observação, pois implica uma transformação existencial nas relações que estabelecemos reciprocamente. Tudo o que, em nossa experiência histórica, nos abre ao Mistério que, desde sempre, se oferece a nós para que possamos nos realizar como seres de liberdade e responsabilidade, é, para nós, experiência de Deus (Mariani, 2020).

> Quando se fala de experiência cristã, designa-se, pois, um conjunto de experiências especiais, que são feitas, refletidas e interpretadas por crentes: convicções, formas de comportamento, esperanças, descoberta da oração e da fraternidade, ver-se cercado pelo sofrimento e pela morte – uma riqueza complexa e cheia de tensão que foge a toda a descrição exauriente. Tais experiências têm para cada cristão significado pessoal, e para cada indivíduo ela constitui um todo, cuja coesão é descoberta ou produzida por interpretação: o vínculo unitivo é a unidade básica que chamamos de fé. (Quelquejeu; Jossua, citado por Eicher, 2005, p. 300-301)

Na teologia, a noção de experiência de fé é um pressuposto fundamental porque compromete a existência como um todo, abrindo-a para a possibilidade de se compreender e compreender o mundo a partir dessa experiência vital. Por essa razão, a experiência da fé cristã é uma fonte para a teologia, pois dela decorre a busca pelo conhecimento de Deus, em Jesus Cristo, pelo Espírito Santo.

Síntese

Neste capítulo, vimos as fontes da teologia como nascentes de onde flui o pensar e o fazer teológico. A fonte, por excelência, da teologia é o próprio Deus, a fonte da vida (Sl 35:9-10). A primeira fonte é a Sagrada Escritura, em que Deus se revela, comunicando-se, com sua Palavra, o Filho, que se encarnou pela força do Espírito Santo.

A segunda fonte da teologia é a tradição, derivada da única fonte da Revelação divina, da qual decorrem duas vertentes: a tradição oral e a Escritura. O Novo Testamento indica que a fé é transmissão de algo recebido, e não criado por nós mesmos (1 Cor 11: 23; 18,3).

A terceira fonte é o magistério da Igreja, uma vez que a teologia não é uma atividade puramente privada, mas uma atividade essencialmente eclesial: "a Igreja é o sujeito primário e o espaço vital de exercício da teologia" (Boff, 2014, p. 79). Nesse aspecto, há dois conceitos importantes nessa relação de autoridade do magistério: o *sensus fidei* e o *sensus fidelium*. O *sensus fidei* refere-se à habilidade pessoal de um crente, em comunhão com a Igreja, para discernir a respeito da fé. O *sensus fidelium* compreende o senso da fé em sentido mais objetivo e indica a presença do Espírito Santo em toda a Igreja, que capacita aos fiéis distinguir a autenticidade das manifestações da fé.

A quarta fonte retoma o sentido geral dos lugares teológicos, ou seja, um espaço onde Deus se revela. Vimos que o termo, embora antes utilizado sutilmente, foi cunhado, sistematicamente, pelo teólogo dominicano Melchior Cano (1509-1560), que, no Concílio de Trento, apresentou dez lugares teológicos como referências de autoridade para a doutrina cristã.

A quinta fonte da teologia apresentada foi a experiência de fé. Superando a visão subjetivista do conceito, *experiência* não se reduz ao empirismo das ciências exatas, físicas, biológicas ou químicas de um experimento de laboratório à base apenas da observação, visto que implica uma dimensão passiva e ativa do processo. O que denominamos *experiência de fé* significa uma experiência histórica que nos abre para o Mistério e se oferece a nós como possibilidade da experiência de Deus.

Atividades de autoavaliação

1. Ao estudarmos sobre as fontes da teologia, vimos que a primeira fonte é a Sagrada Escritura. Com base nesse estudo, analise as afirmações a seguir e assinale (V) para as verdadeiras e (F) para as falsas.

    ( ) A Sagrada Escritura é a alma da teologia, fonte segura de acesso à Palavra de Deus.

    ( ) A Sagrada Escritura deve ser superada pela leitura de outros textos teológicos mais atuais.

    ( ) Um critério da teologia cristã é o reconhecimento da primazia da Palavra de Deus.

    ( ) A Palavra divina exprime-se ao longo de toda a história da salvação e tem a sua plenitude no mistério da encarnação, morte e ressurreição do Filho de Deus.

    ( ) A Sagrada Escritura é inspirada para os cristãos somente a partir dos Evangelhos. Todo o restante deve ser ignorado.

    Assinale a alternativa que apresenta a sequência correta:
    a) F, V, F, V, V.
    b) F, F, V, V, F.
    c) F, V, V, F, F.
    d) V, F, V, V, F.
    e) V, F, V, F, V.

2. Leia atentamente as afirmações a seguir e assinale a alternativa **incorreta**:
    a) Há uma única fonte da Revelação divina, da qual decorrem duas vertentes: a tradição e a Escritura.
    b) Para compreendermos a importância da tradição, é preciso uma leitura teológica madura e aprofundada, que supere o equívoco de uma cosmovisão líquida da sociedade, para reconhecer que

há elementos fundamentais da fé que permanecem valendo ao longo da história.

c) A Tradição apostólica inclui todas as "tradições" teológicas, disciplinares, litúrgicas ou devocionais, nascidas no decorrer do tempo nas Igrejas locais.

d) O magistério da Igreja é o serviço confiado ao Colégio Apostólico, para interpretar com autenticidade a Palavra de Deus, escrita ou contida na tradição.

e) Sendo um serviço, o magistério não está acima da Palavra de Deus, mas, com a assistência do Espírito Santo, ouve-a piamente, guarda-a religiosamente e a expõe fielmente, como fiel guardião do depósito da fé.

3. Leia o trecho a seguir e analise as afirmações:

> As Escrituras mostram que a dimensão pessoal da fé se integra na dimensão eclesial; se encontra tanto o singular quanto o plural da primeira pessoa: "Nós acreditamos" (*Gl* 2,16), e "Eu acredito" (cf. *Gl* 2,19-20). Em suas cartas, Paulo reconhece a fé dos cristãos como uma realidade ao mesmo tempo pessoal e eclesial. Ele ensina que qualquer pessoa que confessa que "Jesus é o Senhor" esta inspirada pelo Espírito Santo (*1Cor* 12,3). O Espírito incorpora todos os fiéis no Corpo de Cristo e lhe dá um papel especial na construção da Igreja (*1Cor* 12,4-27). Na carta aos Efésios, a confissão de um só e único Deus está ligada à realidade de uma vida de fé na Igreja: "Há um só Corpo e um só Espírito, assim como é uma só a esperança da vocação a que fostes chamados; há um só Senhor, uma só fé, um só batismo; há um só Deus e Pai de todos, que está acima de todos, por meio de todos e em todos" (*Ef* 4,4-6). (CTI, 2012, n. 11)

I. O *sensus fidei* refere-se à aptidão pessoal que tem um crente, no seio da comunhão da Igreja, para discernir a verdade da fé.

II. O *sensus fidelium* refere-se à capacidade que um grupo de fiéis tem para viver e orientar-se sem necessidade do magistério ou de qualquer outra autoridade, decidindo, por conta própria, os ditames na sua comunidade.

III. O magistério é o intérprete da fé eclesial, que a vive e a discerne nas circunstâncias do mundo, estando assim atento a essa capacidade de os fiéis atualizarem a fé recebida dos apóstolos.

IV. O *sensus fidei* significa a capacidade que cada crente dispõe para viver a sua fé, isoladamente da comunidade.

V. O *sensus fidei* refere-se à dimensão pessoal do senso da fé e o *sensus fidelium* refere-se à dimensão eclesial do senso comum da fé. Ambos são, reciprocamente, necessários.

Assinale a alternativa que apresenta a resposta correta:
a) As afirmativas II, III e V são verdadeiras.
b) As afirmativas I, II e IV são verdadeiras.
c) As afirmativas I, III e V são verdadeiras.
d) Todas as afirmativas são verdadeiras.
e) Nenhuma afirmativa é verdadeira..

4. A respeito do que estudamos sobre os lugares teológicos, é correto afirmar:

I. Um lugar teológico refere-se a um espaço onde Deus se revela. Nos valhamos da imagem teofânica de Moisés diante da sarça ardente. Como teólogos, somos convidados a "tirar as sandálias de nossos pés" a fim de sentir, sensivelmente, o chão que pisamos, pois se trata de uma realidade nova onde Deus está e ali fala.

II. Melchior Cano (1509-1560), teólogo dominicano, foi quem cunhou o termo *lugar teológico*, apontando as referências fundamentais para a tarefa teológica.

III. O foco de trabalho de M. Cano era sistematizar tudo aquilo que constituía prova de fé, recorrendo à sua autoridade, e não mais às razões especulativas apenas.

IV. É importante aprender não apenas os lugares teológicos, mas também o seu peso relativo e a relação entre eles, sem absolutizar um em detrimento dos outros.

5. Vimos, neste capítulo, que a experiência de fé é uma das fontes da teologia. De acordo com o que estudamos, é correto afirmar:
    a) A experiência de fé é equivalente ao empirismo das ciências exatas, físicas, biológicas ou químicas.
    b) Na experiência de Deus, o sujeito se debruça sobre o objeto (Deus) para conhecê-lo e dominá-lo.
    c) Na teologia, a noção de experiência de fé é um pressuposto fundamental porque compromete a existência como um todo, abrindo-o para a possibilidade de se compreender e compreender o mundo com base nessa experiência vital.
    d) Se queremos conhecer melhor a Deus, devemos propor experimentos que comprovem a existência de Deus.
    e) A experiência de fé não pode ser uma fonte para a teologia, pois fica no campo da vivência, da emoção e do sentimento, e isso não interessa para o estudo teológico.

Atividades de aprendizagem

Questões para reflexão

1. Para refletir com mais profundidade sobre o tema da experiência de fé, leia o trecho a seguir do artigo "Sobre Deus e seus lugares: recortes teológicos em Paul Tillich e Karl Rahner", de Victor S. Santos (2015, p. 125-126):

> Há uma grande dificuldade ao se tematizar Deus, pois se trata da tentativa de expressar uma experiência transcendental. Rahner diz que só é possível falar de Deus de forma análoga. O teólogo antecipa: "poderemos falar acerca da experiência da transcendência somente nos apoiando no que lhe é secundário e subsequente. Por isso sempre deveremos falar dela em linguagem matizada e diferenciada: nos termos "por um lado – por outro lado", bem como "não só – mas também". Essa maneira de falar de Deus resulta do fato de que, sempre que explicitamos e tematizamos a referência originária e transcendental para com Deus, temos de falar sobre Deus mediante conceitos secundários e categoriais contrários no campo da categorialidade" (Rahner, 2008, p. 91). Ou seja, o que se fala sobre Deus não exprime o que ele é em si: o mistério absoluto, o inefável, o todo outro. Mas merece atenção e deve ser ouvido e estudado, porque é tematização da experiência transcendental originária.

Confrontando o texto e o que você aprendeu neste capítulo, escreva seu entendimento sobre a experiência de Deus como fonte da teologia.

2. Retomando a introdução deste capítulo, leia atentamente o trecho extraído da obra *Elogio da sede*, de José Tolentino Mendonça (2018, p. 36-37), ao citar um fragmento do clássico *O pequeno príncipe*, de Saint-Exupéry:

> – Olá, bom dia! – disse o pequeno príncipe.
> – Olá, bom dia! Disse o vendedor.
> Era um vendedor de comprimidos para tirar a sede. Toma-se um por semana e deixa-se de ter necessidade de beber.
> – Por que vende isso? – perguntou o pequeno príncipe.
> – Porque é uma grande economia de tempo – respondeu o vendedor. – Os cálculos foram feitos por peritos. Poupam-se cinquenta e três minutos por semana.

– E o que é que se faz com esses cinquenta e três minutos?
– Faz-se o que quiser...
"Eu", pensou o pequeno príncipe, "se tivesse cinquenta e três minutos para gastar, andaria devagarinho à procura de uma fonte...".
Há muitas formas de aludirmos às necessidades que nos dão vida, bem como de adotarmos um escapismo espiritual, sem nunca assumir, no entanto, que estamos em fuga. A nosso favor evocamos sofisticadas razões de rentabilidade e eficácia, substituindo a audição profunda do nosso espaço interior e o discernimento da nossa sede por pílulas que prometem resolver mecanicamente o nosso problema. É tão fácil nos apegarmos à ideia de poupar cinquenta e três minutos e sacrificarmos a isso o prazer de caminhar devagarinho à procura de uma fonte. É tão fácil idolatrarmos a pressa e a vertigem neste nosso tempo hipertecnológico e que tem o culto da instantaneidade, da simultaneidade e da eficácia.

Reflita sobre esse texto lido e, com base no que já aprendeu, registre com suas ideias a importância de aprofundarmos nossa reflexão nas fontes da teologia.

Atividade aplicada: prática

1. Como exercício prático deste capítulo sobre as fontes da teologia, escolha um lugar físico (casa, rua, parque, ambiente de trabalho, praça etc.) que não seja um espaço oficialmente religioso, como uma igreja, uma casa de retiros, entre outros. Esse lugar deve ser, preferencialmente, habitado ou transitado por pessoas. À imagem bíblica figurativa de Moisés, coloque-se nesse lugar com os "pés descalços" e faça uma observação teológica. Anote suas impressões e percepções.

4
Teologia como força vital

Sendo uma obra de introdução à teologia, neste capítulo, queremos refletir sobre o aspecto vital da teologia. Há um risco de pensá-la em categorias meramente teórico-científicas, invalidando uma dimensão constitutiva do fazer teológico, que é a fé como adesão pessoal e comunitária à Palavra que se fez carne (Jo 1:14)[1]. De fato, uma teologia autenticamente cristã é fonte de vida, fazendo extrair dessa fonte as vertentes salvíficas que escorrem irrigando o mundo pela reflexão, pela ação e pela oração.

---
1 Todas as passagens bíblicas indicadas neste capítulo são citações de Bíblia (1995).

A teologia exige que saibamos utilizar todos os recursos da inteligência, sob a guia do Espírito Santo, a fim de assimilar o conteúdo da Revelação, tornando inteligível o caminho que conduz à compreensão da fé (*intellectus fidei*) (CTI, 2012, n. 17). Esse percurso só é possível indo além da letra, perscrutando nas entrelinhas a presença de um elemento de vida fundamental: Jesus Cristo, sua vida e seus ensinamentos.

Nessa perspectiva, desenvolveremos como a teologia é a força vital do Mistério, que é o próprio Deus; da sabedoria, que conjuga saber e sabor; do compromisso social, que é consequência prática dos conteúdos da fé; dos valores, que resultam na vivência das virtudes; e da santidade, que é integração radical entre o objeto e o sujeito da teologia.

4.1 Do Mistério

Primeiramente, a teologia é força vital do Mistério. Por isso, para alguns Padres da Igreja, a teologia é também mistagogia, ou seja, pela teologia, somos introduzidos e conduzidos ao mistério divino. Segundo Lagrange (citado por Mondin, 1979, p. 39), o princípio arquitetônico que constitui a base de um sistema teológico não é de origem filosófica, racional, mas sim de origem revelada. Em outras palavras, uma revelação que tem sua fonte no Mistério.

Rudolf Otto, em sua renomada obra *O Sagrado*, cuja primeira edição é de 1917, apresenta o sagrado como o numinoso, o *mysterium tremendum*, o totalmente Outro, que nos fascina e nos assombra ao mesmo tempo (Otto, 2007, p. 43-44). Sem definir uma religião específica, Otto (2007, p. 43) constata que o conceito do sagrado escapa aos processos de racionalização e a qualquer realidade natural perceptível.

O que Otto denomina *Sagrado*, a teologia cristã identifica como Mistério que se revela em Jesus Cristo, tendo como ápice dessa revelação a sua Páscoa. O fato de dizê-lo revelado não significa *desvendado*, e, por mais exigente intelectualmente e existencialmente que o dado revelado possa ser, ele transcende a compreensão fundada em uma racionalidade fria e calculista, pois implica a atmosfera do amor. O Papa Francisco (2018, GE, n. 40) aponta para o risco que se corre de termos uma doutrina da fé sem mistério. "Com efeito, o gnosticismo, por sua natureza, quer domesticar o mistério, tanto o mistério de Deus e da sua graça, como o mistério da vida dos outros". Para Ratzinger, não é diferente. Bordoni apresenta os conteudos essenciais da teologia para Ratzinger:

> O sistema epistemológico da reflexão teológica está essencialmente ligado àqueles conteúdos que definem a própria forma desse pensar e amar, fundados no mistério trinitário que se revela na afirmação: Deus é Amor. Nesse mistério se une o sujeito e o objeto da fé em dois múltiplos conteúdos de caráter teológico que fundamentam os valores essenciais cristológico/pneumatológicos, eclesiológicos e antropológicos, no ponto focal que se funda a Pessoa encarnada do Logos. No mistério cristológico emerge, à luz trinitária, a importância da integração entre a constituição ontológica da Pessoa de Jesus Cristo e aquela da sua racionalidade, integração que define e caracteriza a singularidade absoluta de sua ação salvífica em suas expressões de realeza e serviço[2]. (Bordoni, citado por Path, 2007, p. 4-5, tradução nossa)

Nessa dimensão do Mistério, Guardini (citado por Mondin, 1979, p. 80) aponta para uma visão integradora nas relações entre Deus

---

[2] "L'impianto epistemologico della riflessione teologica è essenzialmente congiunto a quei contenuti che definiscono la «forma stessa di questo pensare ed amare». Si tratta del mistero trinitario di Dio che si rivela nell' affermazione: Dio è Amore, la quale uni sce il soggetto e l'oggetto della fede nell'insieme dei molteplici contenuti di carattere teologico che fondano i valori essenziali cristologico/pneumatologici, ecclesiologici ed antropologici nel punto focale che si fonda nella "Persona incarnata del Lógos". Nel mistero cristologico emerge, alla luce trinitaria, l'importanza dell'integrazione tra la "costituzione ontologica della Persona" di Gesù Cristo e quella della sua "relazionalità", integrazione che definisce e caratterizza la singolarità ed assolutezza del suo operare salvifico nelle sue espressioni di regalità e servizio" (Bordoni, 2007, p. 4-5).

e mundo e entre Deus e eu, em que os princípios polares de imanência-transcendência, unidade-pluralidade, afinidade-distinção são elevados à máxima potência. O ponto nevrálgico de nossa dificuldade em acolher o Mistério, tal como ele se apresenta a nós, consiste nessa percepção dicotômica das coisas que, de certo modo, é diabólica, ou seja, divide, não sendo simbólica, que une e integra como um mosaico.

Com base nessa compreensão a respeito do Mistério, surge uma questão pertinente: Como a intelecção dos conteúdos da fé pode contribuir para uma vivência cristã mais madura? Explicamos: sem esse caráter da fé, corremos o risco de pender para um dos dois polos – ou um intelectualismo frio ou um sentimentalismo frágil. Ambos os polos não compõem a densidade da vida cristã permeada pelas duas realidades.

4.2 Da sabedoria

Sendo a teologia força vital do Mistério, que é o próprio Deus, ela também é força vital da sabedoria que penetra toda a existência humana. Essa visão valoriza a dimensão de abertura ao Mistério que dá sentido e significado a todas s coisas, inclusive, àquelas que não se explicam. De acordo com Libanio e Murad (2003, p. 77), "opõe-se a um saber teológico mais analítico e lógico das realidades individuais em benefício de um conhecimento que insere cada coisa e tudo no todo da realidade criada por Deus, originada de Deus e ordenada para Deus".

Não é em vão que Salomão aparece como o rei que, reconhecendo o dom da sabedoria divina, pediu-a a Deus mais do que qualquer outra coisa na condução de seu reinado ao povo de Israel. Essa estima, enquanto a teve honestamente, o conduziu com excelência no caminho da sabedoria:

> Por isso, supliquei, e inteligência me foi dada;
> invoquei, e o espírito da Sabedoria veio a mim.
> Eu a preferi aos cetros e tronos,
> julguei, junto dela, a riqueza como um nada.
> Não a equiparei à pedra mais preciosa,
> pois todo o ouro, ao seu lado, é um pouco de areia;
> junto dela a prata vale quanto o barro.
> Ameia- mais que a saúde e a beleza
> e me propus tê-la como luz, pois seu brilho não conhece o ocaso.
> Com ela me vieram todos os bens,
> de suas mãos a riqueza incalculável.
> De todos eles gozei, pois é a Sabedoria quem os traz,
> mas ignorava que ela fosse a mãe de tudo.
> Sem maldade aprendi, sem inveja distribuo,
> sua riqueza não escondo:
> é um tesouro inesgotável para os homens;
> os que a adquirem atraem a amizade de Deus,
> recomendados pelos dons da instrução. (Sb 7: 7-14)

O contexto atual se vê marcado por uma fatigante racionalidade instrumental, prestes a sucumbir por ela mesma. Assim, a dimensão sapiencial da teologia ressurge com vigoroso ânimo e frescor acerca da reflexão sobre os conteúdos da fé. Além de um conhecimento calculadamente metódico, a teologia comunica uma sabedoria de vida que possibilita o acesso aos caminhos que levam a Ele. Nesse sentido, a teologia deriva do ensinamento de Jesus e dos seus apóstolos e, portanto, oferece princípios últimos para uma vida guiada pelos valores do Evangelho.

A teologia não é somente uma ciência, mas também uma sabedoria, que desempenha um papel fundamental na relação entre o conhecimento humano e o mistério divino (CTI, 2012, n. 86). Para Secondin (2001, p. 50), "se há uma função urgente e específica para a espiritualidade nos dias de hoje, é a um "saber orientador", a de uma sabedoria de vida e de um direcionamento das expectativas, no contexto de situações complexas e ambíguas".

Por essa razão, "a contemplação intelectual que resulta do trabalho racional do teólogo é, portanto, uma verdadeira sabedoria" (CTI, 2012, n. 91) e consiste em parte integrante de sua vocação particular no Corpo de Cristo. Os teólogos devem, na comunhão do Espírito Santo com todos os irmãos e irmãs, integrar as suas vidas ao Mistério, "pelo qual a Igreja continuamente vive e cresce" (Paulo VI, 1964,LG, n. 26). Nessa mesma perspectiva, a teologia não deve perder o sentido que a caracteriza e a leva ao reconhecimento dos seus limites, contrastando com "todas as pretensões racionalistas de esgotar o mistério de Deus" (CTI, 2012, n. 96).

4.3 Do compromisso social

Se a teologia é fonte vital do Mistério e da sabedoria de Deus, não há como negar que a dimensão social do Evangelho seja arbitrária ou ainda periférica. A reflexão teológica nunca pretendeu reduzir-se à esfera, exclusivamente, privada da fé (Paulo VI, 1965b, GS, n. 40). Baseado no princípio teológico da encarnação do Verbo divino (Jo 1:14), o compromisso social encontra aí a sua expressão máxima de que não há realidade alguma verdadeiramente humana que não encontre eco no coração dos discípulos de Cristo (Paulo VI, 1965b, GS, n. 1).

> Este divórcio entre a fé que professam e o comportamento quotidiano de muitos deve ser contado entre os mais graves erros do nosso tempo. Já no Antigo Testamento os profetas denunciam este escândalo; no Novo, Cristo ameaçou-o ainda mais veementemente com graves castigos. Não se oponham, pois, infundadamente, as atividades profissionais e sociais, por um lado, e a vida religiosa, por outro. O cristão que descuida os seus deveres temporais, falta aos seus deveres para com o próximo e até para com o próprio Deus, e põe em risco a sua salvação eterna. A exemplo de Cristo que exerceu um mister de operário, alegrem-se antes os cristãos por poderem exercer todas as atividades terrenas, unindo numa síntese vital todos os seus esforços humanos, domésticos, profissionais, científicos ou técnicos com os valores religiosos, sob cuja elevada ordenação, tudo se coordena para glória de Deus. (Paulo VI, 1965b, GS, n. 43)

A tentação de subtrair-nos aos compromissos sociais é um contrassenso aos princípios cristãos, pois sua doutrina não está fora nem acima das pessoas, mas em vista delas (Menegatti, 2018, p. 24). Para além de uma visão acomodada da fé cristã, o Papa Francisco nos recorda, na Exortação Apostólica *Evangelii Gaudium*, que "ninguém pode exigir-nos que releguemos a religião para a intimidade secreta das pessoas, sem qualquer influência na vida social e nacional [...]" (Francisco, 2013, EG, n. 183).

Dessa forma, a doutrina social da Igreja é um saber iluminado pela fé, intrínseco a ela. As exigências da vida cristã na sociedade, presente em cada momento histórico, devem ser interpretadas à luz da fé, uma vez que "a ortopráxis completa a ortodoxia e ambas atestam a integralidade da fé" (Menegatti, 2018, p. 60). Em outras palavras, a economia da salvação atravessa as questões do mundo em que vivemos. Guardini (citado por Mondin, 1979, p. 74) faz uma crítica a uma fé que perde seu contato com o mundo e, consequentemente, invalida sua capacidade de abraçar e salvar esse mundo, sendo que, para salvar a redenção do Filho, sacrifica-se a criação do Pai.

Devemos extrair das fontes teológicas para buscar também o sentido e as diretrizes para as questões sociais, com base nos princípios e valores do Evangelho. Em consonância com a doutrina social da Igreja é que discernimos a pauta de nossas reflexões e ações em âmbito social.

4.4 Dos valores e virtudes

A teologia é força vital dos valores e virtudes, pois nela encontramos os elementos fundamentais para uma vida dignamente humana. Os filósofos gregos consideravam o bem como o maior de todos os valores. Essa compreensão embasava-se na dimensão ontológica, embora ao longo do tempo o termo foi adquirindo uma perspectiva mais ética. De acordo com Lucas e Passos (2015, p. 126), "a palavra *bonum* permanece nos textos filosóficos clássicos da Idade Média, escritos em latim". Para Dante Alighieri (1265-1321), discípulo de São Tomás de Aquino (1225-1274), Deus é o Supremo Bem, o Eterno Valor (Lucas; Passos, 2015, p. 126).

Atualmente, questiona-se a respeito do valor, se ele é de natureza objetiva ou subjetiva. Poderíamos ainda perguntar: quais são os critérios que determinam um valor?

Primeiramente, é necessário o reconhecimento real e prático de um sistema de valores razoável com a verdade sobre o ser humano. Há uma estreita relação entre princípios e valores sociais. Os valores exigem tanto a prática dos princípios fundamentais da vida social quanto o exercício das virtudes pessoais e, portanto, das atitudes morais correspondentes aos mesmos valores (Menegatti, 2018, p. 102).

> Segundo Guardini, reconstruir a unidade da existência cristã não é uma empresa árdua ou presunçosa, porque aqueles valores espirituais [...] com que frequentemente foi colocada em conflito pelo

> pensamento moderno, não lhe são de maneira alguma estranhos; pelo contrário, são valores que afundam suas raízes no próprio cristianismo; melhor, são frutos do cristianismo, dos quais o mundo moderno apropriou-se ilegitimamente [...]. Na verdade, esses valores e essas atitudes são ligados à Revelação, que se encontra em particular relação com aquilo que é imediatamente humano. (Mondin, 1979, p. 74-75)

A vida humana é, atualmente, assinalada pela linha tênue entre a dimensão individual e a dimensão social. Contudo, essa tensão não comporta contraposições, mas uma complementaridade dialógica que reforça a verdade de que o ser humano sozinho não pode cumprir a sua missão. Sua natureza se desenvolve sobre a base de uma subjetividade relacional, ou seja, a pessoa humana se constrói autenticamente nas relações interpessoais. Logo, o exercício dos valores e das virtudes humanas se dá nas relações com o outro.

A etimologia da palavra *virtude* provém do latim *virtus*, que significa "força". Na mesma linha, para Aristóteles, as virtudes são adquiridas por bons hábitos, assim como, opostamente, os vícios são decorrentes de maus hábitos. "Com efeito, as coisas que temos de aprender, antes de poder fazê-las, aprendemo-las fazendo" (Aristóteles, 1987, p. 27). Para São Tomás de Aquino (2016b, p. 324), as virtudes humanas são hábitos e, seguindo o pensamento de Santo Agostinho, ele fundamenta a virtude como o bom uso do livre arbítrio e a via pela qual o amor é ordenado em nós.

A teologia é força vital que ilumina e enriquece a vivência dos valores e das virtudes humanas e cristãs. "A virtude é uma disposição habitual e firme para fazer o bem. Permite à pessoa não só praticar atos bons, mas dar o melhor de si. Com todas as suas forças sensíveis e espirituais, a pessoa virtuosa tende ao bem, procura-o e escolhe-o na prática" (CIC, 1992, n. 1803).

Na teologia cristã, as virtudes são classificadas em duas categorias: virtudes teologais e virtudes cardeais. As **virtudes teologais** se referem a Deus, são elas a fé, a esperança e a caridade; as **virtudes cardeais**, assim chamadas por serem dobradiças das demais virtudes humanas, auxiliam no âmbito de uma vida segundo o Evangelho, são elas: a prudência, a justiça, a temperança e a fortaleza. Elas são adquiridas, não como um troféu, mas como um bem a serviço do outro.

Concluindo, a reflexão teológica não neutraliza a vida e a ação humana diante das questões existenciais e sociais do mundo. Ao contrário, nos desafia a encontrarmos nela a força vital que nos impulsiona a darmos respostas salutares, ou seja, salvíficas, a respeito dos grandes dilemas humanos. Assim, sob o influxo dessa força, descobrimos nos valores e nas virtudes cristãs a base para uma vida de fé autêntica.

4.5 Da santidade

Para fechar, a teologia é força vital da santidade divina. Há uma expressão do Papa Francisco, na Exortação Apostólica *Gaudete et Exsultate*, sobre o chamado à santidade no mundo atual (Francisco, 2018, GE, n. 45), que está presente também em sua Carta por ocasião do centenário da Faculdade de Teologia da Pontifícia Universidade Católica Argentina:

> Ensinar e estudar teologia significa viver numa fronteira na qual o Evangelho se encontra com as necessidades das pessoas às quais é anunciado de maneira compreensível e significativa. Devemos evitar uma teologia que se esgota na disputa acadêmica ou que olha para a humanidade de um castelo de vidro. É aprendida para ser vivida: **teologia e santidade são um binômio inseparável**. (Papa Francisco, 2015, grifo nosso)

Ao debruçarmo-nos sobre o objeto da teologia, deparamo-nos com a sua característica marcante: a santidade. Ele é o Santo dos santos e adentrar nesse mistério é deparar-se diante do fogo que arde sem queimar. Como Moisés, queremos, como teólogos, dar a volta para analisar o fenômeno, tentando entendê-lo para dominá-lo (Ex 3:3). Mas, assim como ele, somos convidados a ficar descalços de nossa presunção para nos aproximarmos do Senhor e, com Ele, aprendermos a ver e ouvir o clamor do povo que sofre, conhecendo as angústias humanas para reconhecer nessa ação salvífica o "Eu sou" (Ex 3:14).

Outra imagem bíblica valiosa para compreendermos a santidade como força vital da teologia é o encontro de Jesus com a samaritana (Jo 4:5-24). O ponto do encontro é o poço (do saber), o motivo é a sede. Tolentino Mendonça, em sua obra *Elogio da sede* (2018), faz uma reflexão teopoética sobre a sede de Deus e a nossa. Nela, Jesus se apresenta como um mendigo, sentado à beira do poço pedindo alguma coisa, como os que sentados no caminho de Jericó saíram a gritar por misericórdia (Mt 20: 30-31), ou, ainda, como Bartimeu, também sentado à beira do caminho, clamando piedade (Mc 10:46).

> Ora, Jesus à beira do poço aparece mendigando também. O seu corpo é um corpo não poupado ao esforço; um corpo que vivencia a fadiga dos dias; gasto pelo cuidado amoroso dos outros; queimado pelo sol, batido pelo pó; um corpo entregue. Nesse sentido, o de Jesus é um corpo mendicante. Ele precisa atravessar a Samaria. Ele precisa – como dirá a Zaqueu no Evangelho de São Lucas – ficar em tua casa (Lc 19,5). Ele precisa, como dirá à mulher samaritana, que lhe dês de beber. Não é só o homem que é mendigo de Deus. Em Jesus, Deus também se apresenta como o mendigo do homem. Este é um ícone a desvelar no nosso coração. (Mendonça, 2018, p. 17-18)

Nessa perspectiva, o teólogo é, de certo modo, um mendigo sedento das coisas de Deus. A santidade é a graça abundante do grande abraço dessas duas mendicâncias: a divina e a humana. É o profundo reconhecimento d'Aquele que é o único que pode saciar a nossa sede. Na teologia, o acesso pela via do estudo e da oração ao dado revelado é propício para que aconteça esse reconhecimento de Deus e de nós mesmos.

A teologia em si mesma não produz santidade, como se o fato de fazer teologia nos transformasse, magicamente, em santos. Todavia há uma estreita relação entre teologia e santidade, exatamente porque, na teologia, nos debruçarmos sobre Aquele que é, não para dominá-lo, mas para nos curvarmos e derramarmo-nos n'Ele (1Sm 1:15). Para isso, é necessário superar a presunção de sabermos tudo pelo fato de, simplesmente, estudarmos teologia, pois esse sentimento de superioridade não é sadio, nem para a pessoa, nem para o convívio com os outros, muito menos, para a própria teologia. "Na realidade, porém, aquilo que julgamos saber sempre deveria ser uma motivação para responder melhor ao amor de Deus, porque se aprende para viver: teologia e santidade são um binômio inseparável" (Francisco, 2018, GE, n. 45).

> A fé aperfeiçoa o olhar interior, abrindo a mente para descobrir, no curso dos acontecimentos, a presença operante da Providência. A tal propósito, é significativa uma expressão do livro dos Provérbios: "A mente do homem dispõe o seu caminho, mas é o Senhor quem dirige os seus passos" (16, 9). É como se dissesse que o homem, pela luz da razão, pode reconhecer a sua estrada, mas percorrê-la de maneira decidida, sem obstáculos e até ao fim, ele só o consegue se, de ânimo reto, integrar a sua pesquisa no horizonte da fé. (João Paulo II, 1998, FR, n. 16)

Essa integração nasce de uma tomada de consciência, a qual São Leão Magno diz: "Toma consciência, ó cristão da tua dignidade, já que participas da natureza divina" (CIC, 1992, n. 1691). Para Santo Tomás de Aquino (2016b, p. 29), as ações humanas só se chamam assim como ações próprias de um ser humano. Em outras palavras, sendo responsável por seus atos, que decorrem do uso da vontade e da razão, pois é o que difere o ser humano de todas as outras criaturas. Um cristão consciente de sua dignidade buscará viver trilhando um caminho de santidade. Nessa perspectiva, o Papa Francisco assinala que a missão do cristão no mundo é, em si, um caminho fecundo de santidade.

> Para um cristão, não é possível imaginar a própria missão na terra, sem a conceber como um caminho de santidade, porque esta é, na verdade, a vontade de Deus: a [nossa] santificação (1 Ts 4, 3). Cada santo é uma missão; é um projeto do Pai que visa refletir e encarnar, num momento determinado da história, um aspecto do Evangelho. (Francisco, 2018, GE, n. 19)

Assim, a santidade não deve ser compreendida como uma única forma a que todo cristão deve se adequar, mas como um caminho que deve ser trilhado por cada um de maneira personalizada, como a marca singular da presença de Deus na biografia de cada pessoa.

Síntese

Neste capítulo, vimos que a teologia é a força vital do mistério, da sabedoria, do compromisso social, dos valores, das virtudes e da santidade. Pela teologia, somos introduzidos e conduzidos ao Mistério que é o próprio Deus. O dado revelado, ao ser esmiuçado pelo teólogo, permanece sempre Mistério, ou seja, transcende uma compreensão fria e calculista dos conteúdos da fé. Lembremos, mais uma vez, que o Papa Francisco aponta para o risco que corremos de uma doutrina da fé esvaziada do Mistério.

A teologia é força vital da sabedoria que está vinculada à dimensão do Mistério da vida e que dá sentido e significado a todas às coisas, especialmente àquelas que não podemos explicar. O rei Salomão pediu a Deus, mais que riqueza ou outro atributo, o dom da sabedoria para governar o povo de Israel (Sb 9). A sabedoria vai além de um saber racional e analítico dos fatos e das pessoas, pois é um conhecimento que instala na realidade a visão de cada coisa e de cada pessoa originada e ordenada para Deus.

Vimos que o compromisso social também é uma força vital da teologia, uma vez que a dimensão social do Evangelho não é arbitrária nem periférica. A reflexão teológica não se reduz à esfera privativa da fé, pois negaria seu fundamento na encarnação do Verbo que habitou entre nós (Jo 1:14), assumindo o mundo e nossa humanidade para redimir integralmente. Nesse princípio teológico é que todos os esforços humanos, domésticos, profissionais, científicos ou técnicos se ordenam para glória de Deus (Paulo VI, 1965b, GS, n. 43).

A teologia é força vital dos valores e das virtudes humanas e cristãs. Vimos que há um sistema de valores razoável que respalda a verdade sobre o ser humano. Por isso, a teologia reflete nas atitudes correspondentes à fé professada. Nesse sentido também, a virtude apresenta-se como uma disposição habitual e firme para fazer o bem, não só praticando boas ações, mas dando o melhor de si (CIC, 1992, n. 1803). Assim, compreendemos que a teologia desperta para a descoberta vivencial dos valores e das virtudes humanas e cristãs, como base de uma fé verdadeira.

Para concluir, vimos que a teologia é força vital da santidade, pois essa é uma característica do objeto sobre a qual nos debruçamos. Ilustrando com a imagem de Moisés diante da sarça ardente, fazer teologia é deparar-se diante do fogo que arde sem queimar. Para se aproximar desse fenômeno, é preciso saber ficar descalço, ter sensibilidade para sentir o chão e humildade para, com Ele, aprender a ver e ouvir o clamor do povo que sofre (Ex 3:14). Vale lembrar que, na teologia, se aprende para viver, pois "teologia e santidade são um binômio inseparável" (Francisco, 2018, GE, n. 45).

Atividades de autoavaliação

1. De acordo com o que estudamos neste capítulo, leia atentamente as afirmações a seguir e assinale a alternativa correta:
   a) Para alguns Padres da Igreja, a teologia é também misticismo, ou seja, pela teologia, desvendamos os enigmas do universo.
   b) Para alguns Padres da Igreja, a teologia é também mistagogia, ou seja, pela teologia, somos introduzidos e conduzidos ao Mistério divino.
   c) Na teologia cristã, o mistério se oculta em Jesus Cristo.
   d) O Mistério das coisas divinas é desvendado se tivermos uma bola de cristal.
   e) Todas as alternativas anteriores estão corretas.

2. Analise as afirmativas a respeito da sabedoria como força vital da teologia e assinale (V) para verdadeiro e (F) para falso.
   ( ) A sabedoria valoriza a dimensão de abertura ao mistério que dá sentido e significado a todas às coisas, inclusive àquelas que não se explicam.
   ( ) Salomão aparece como o rei que reconhecendo o dom da sabedoria divina, pediu-a a Deus mais que qualquer outra coisa na condução de seu reinado ao povo de Israel.
   ( ) A sabedoria é um dom elevado concedido a poucas pessoas que têm condição financeira e *status* social para comprá-la.
   ( ) Para além de um conhecimento calculadamente metódico, a teologia comunica uma sabedoria de vida que possibilita o acesso aos caminhos que levam a Deus. Nesse sentido, a teologia deriva do ensinamento de Jesus e dos seus apóstolos e, portanto, oferece princípios últimos para uma vida guiada pelos valores do Evangelho.

( ) A teologia não é somente uma ciência, mas também uma sabedoria, que desempenha um papel fundamental na relação entre o conhecimento humano e o mistério divino.

Assinale a alternativa que apresenta a sequência correta:
a) F, V, F, V, F.
b) F, F, V, V, V.
c) V, V, F, V, V.
d) V, F, V, V, F.
e) V, V, V, V, V.

3. Analise as afirmativas a seguir a respeito à teologia como força vital do compromisso social. Sobre ela, é correto afirmar:
   a) A teologia não reconhece as questões sociais como necessárias ao desempenho da fé cristã. Essas questões são periféricas e, muitas vezes, contrárias ao que Jesus ensinou.
   b) A dimensão social do Evangelho não é arbitrária nem periférica, pois a reflexão teológica nunca pretendeu reduzir-se à esfera exclusivamente privada da fé. A tentação de subtrair-nos aos compromissos sociais é um contrassenso aos princípios cristãos, pois a doutrina da fé não está fora nem acima das pessoas, mas em vista delas.
   c) A Revelação cristã diz respeito apenas à dimensão espiritual e intelectual da pessoa. A Encarnação de Jesus Cristo nada tem a dizer na esfera social da vida humana, pois os outros e a comunidade não contam, o importante é o indivíduo.
   d) Entende-se por *compromisso social* o engajamento político partidário. Nesse sentido, a sua fé deve ser colocada em um candidato o qual se acredita ser o novo Messias.
   e) Todas as alternativas anteriores estão corretas.

4. Sobre a teologia como força vital dos valores e das virtudes, é correto afirmar:
   I. Os valores se expressam na prática social e decorrem das virtudes pessoais correspondentes aos mesmos valores.
   II. O critério determinante é que as coisas têm valor porque as desejamos, e não porque elas têm valor em si mesmas. Assim, se eu desejo alcançar um objetivo passando por cima dos outros, isso é um valor incontestável.
   III. As virtudes são adquiridas por bons hábitos, assim como opostamente os vícios são decorrentes de maus hábitos.
   IV. A teologia foca a sua reflexão nas questões doutrinárias dogmáticas. Não se pode encontrar nela referências para a vivência dos valores e das virtudes humanas e cristãs.
   V. A virtude é uma disposição habitual e firme para fazer o bem. Permite à pessoa não só praticar atos bons, mas dar o melhor de si.

   Assinale a alternativa que apresenta a resposta correta:
   a) As afirmativas II, III e V são verdadeiras.
   b) As afirmativas I, II e V são verdadeiras.
   c) As afirmativas I, III e V são verdadeiras.
   d) Todas as afirmativas são verdadeiras.
   e) Nenhuma das afirmativas é verdadeira.

5. A respeito da teologia como força vital da santidade, é correto afirmar:
   a) Teologia e santidade são um binômio inseparável.
   b) A missão do cristão no mundo é, em si, um caminho fecundo de santidade.
   c) Para um cristão, não é possível imaginar a própria missão na terra, sem compreendê-la como um caminho de santidade, porque a vontade de Deus é nossa santificação.

d) Na teologia, o acesso ao dado revelado e seu estudo são propícios para que aconteça esse reconhecimento de Deus e de nós mesmos.

e) Todas as alternativas anteriores estão corretas.

Atividades de aprendizagem

Questões para reflexão

1. Leia um pequeno fragmento da literatura cristã primitiva, conhecida como *Carta a Diogneto*. O texto tem como destinatário um pagão culto que, impressionado pelo testemunho de vida dos cristãos, desejava conhecer melhor o cristianismo, que, na época, se espalhava por todo o Império Greco-Romano.

> Os cristãos, de fato, não se distinguem dos outros homens, nem por sua terra, nem por língua ou costumes. Com efeito, não moram em cidades próprias, nem falam língua estranha, nem têm algum modo especial de viver. Sua doutrina não foi inventada por eles, graças ao talento e especulação de homens curiosos, nem professam, como outros, algum ensinamento humano. Pelo contrário, vivendo em cidades gregas e bárbaras, conforme a sorte de cada um, e adaptando-se aos costumes do lugar quanto à roupa, ao alimento e ao resto, testemunham um modo de vida social admirável e, sem dúvida, paradoxal. Vivem na sua pátria, mas como forasteiros; participam de tudo como cristãos e suportam tudo como estrangeiros. Toda pátria estrangeira é pátria deles, e cada pátria é estrangeira. Casam-se como todos e geram filhos, mas não abandonam os recém-nascidos. Põem a mesa em comum, mas não o leito; estão na carne, mas não vivem segundo a carne; moram na terra, mas têm sua cidadania no céu; obedecem às leis estabelecidas, mas com sua vida ultrapassam as leis; amam a todos e são perseguidos por todos; são desconhecidos e, apesar disso, condenados; são mortos e, desse modo, lhes é dada a vida; são pobres, e enriquecem a muitos; carecem de tudo, e têm abundância de tudo; são desprezados e, no desprezo, tornam-se glorificados; são amaldiçoados e,

depois, proclamados justos; são injuriados, e bendizem; são maltratados, e honram; fazem o bem, e são punidos como malfeitores; são condenados, e se alegram como se recebessem a vida. Pelos judeus são combatidos como estrangeiros, pelos gregos são perseguidos, e aqueles que os odeiam não saberiam dizer o motivo do ódio. (Padres Apologistas, 1997, p. 19)

Com base nesse texto e nos estudos deste capítulo, escreva sua compreensão sobre a relação da teologia como força vital do Mistério, da sabedoria, do compromisso social, dos valores, das virtudes e da santidade.

2. Embora tenhamos trazido um pequeno trecho na Seção 5.5 (Da santidade) deste capítulo, faremos uma leitura na íntegra da Carta por ocasião do centenário da Faculdade de Teologia da Pontifícia Universidade Católica Argentina:

> A celebração dos 100 anos da Faculdade de Teologia da Universidade católica é um momento importante para a Igreja na Argentina. O aniversário coincide com o cinquentenário do encerramento do Concílio Vaticano II, que foi uma atualização, uma releitura do Evangelho na perspectiva da cultura contemporânea. Produziu um movimento irreversível de renovação que provém do Evangelho. E agora, é preciso ir em frente.
>
> De que modo, então, devemos ir em frente? Ensinar e estudar teologia significa viver numa fronteira na qual o Evangelho se encontra com as necessidades das pessoas às quais é anunciado de maneira compreensível e significativa. Devemos evitar uma teologia que se esgota na disputa acadêmica ou que olha para a humanidade de um castelo de vidro. É aprendida para ser vivida: teologia e santidade são um binômio inseparável.
>
> Por conseguinte, a teologia que elaborais seja radicada e fundada na Revelação, na Tradição, mas acompanhe também os processos culturais e sociais, em particular as transições difíceis. Neste tempo a teologia deve enfrentar também os conflitos: não só os que

experimentamos na Igreja, mas também os relativos ao mundo inteiro e que são vividos pelas ruas da América Latina. Não vos contenteis com uma teologia de escritório. O vosso lugar de reflexão sejam as fronteiras. E não cedais à tentação de as ornamentar, perfumar, consertar nem domesticar. Até os bons teólogos, assim como os bons pastores, têm o odor do povo e da rua e, com a sua reflexão, derramam azeite e vinho sobre as feridas dos homens.

A teologia seja expressão de uma Igreja que é "hospital de campo", que vive a sua missão de salvação e cura no mundo. A misericórdia não é só uma atitude pastoral, mas a própria substância do Evangelho de Jesus. Encoraja-vos a estudar como refletir nas várias disciplinas — dogmática, moral, espiritualidade, direito etc. — a centralidade da misericórdia.

Sem a misericórdia a nossa teologia, o nosso direito, a nossa pastoral correm o risco de desmoronar na mesquinhez burocrática ou na ideologia, que por sua natureza quer domesticar o mistério. Compreender a teologia é compreender Deus, que é Amor.

Portanto, quem é o estudante de teologia que a U.C.A. é chamada a formar? Certamente, não um teólogo "de museu" que acumula dados e informações sobre a Revelação sem, contudo, saber verdadeiramente o que fazer deles. Nem um "balconero" da história. O teólogo formado na U.C.A. seja uma pessoa capaz de construir humanidade ao seu redor, de transmitir a divina verdade cristã em dimensão deveras humana, e não um intelectual sem talento, um eticista sem bondade nem um burocrata do sagrado.

Peço a Nossa Senhora, Sede da Sabedoria e Mãe da Graça divina, que nos acompanhe na celebração deste centenário. Peço-te que saúdes os alunos, funcionários, professores e autoridades da Faculdade, e que não se esqueçam de rezar por mim. Que Jesus te abençoe e a Virgem Santa te proteja.

Fraternalmente,

Francisco.
Vaticano, 3 de Março de 2015.

Agora, com base nos estudos deste capítulo, registre sua percepção em relação ao texto.

Atividade aplicada: prática

1. Entre tantas percepções sobre a teologia como força vital, escolha fazer um gesto prático (por exemplo, de caridade) que expresse as dimensões trabalhadas neste capítulo (Mistério, Sabedoria, Compromisso Social, Valores e Virtudes ou Santidade).

5
Disciplinas teológicas

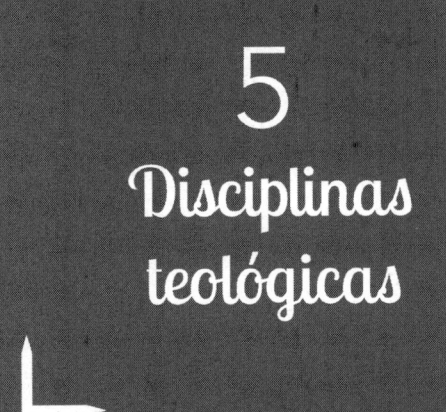

Um bom curso de teologia segue as orientações basilares dos conteúdos teológicos, em atenção às diretrizes do Ministério da Educação (MEC) para a sua estrutura acadêmica e o reconhecimento civil. O MEC não se inclui como fonte da teologia, mas seus parâmetros foram elaborados com base nelas, em autores e pesquisadores de referência, a fim de auxiliarem em suas orientações. O objetivo principal é formar teólogos capacitados a expor, de forma racional, os dados da fé revelada, em diálogo com as demais ciências e confissões religiosas e convivendo de forma responsável na sociedade onde atua. O decreto conciliar *Gravissimus Educationis* (Paulo VI, 1965c, n. 11) afirma que

> é dever dessas Faculdades investigar mais profundamente os vários campos das disciplinas sagradas, de tal maneira que se consiga uma inteligência cada vez mais profunda da Sagrada Escritura, se patenteie mais plenamente o património da sabedoria cristã transmitido pelos antepassados, se promova o diálogo com os irmãos separados e com os não cristãos e se dê resposta às questões nascidas do progresso da ciência.

De acordo com Boff (2014, p. 135), a unidade da teologia se compôs de várias formas ao longo da história. Resumidamente: na patrística, essa unidade era simples; na escolástica, mais complexa; na modernidade, devido à fragmentação cartesiana, era uma unidade formal; e, na contemporaneidade, a unidade teológica é mais enciclopédica. Em âmbito eclesial, a teologia está dividida, à imagem de uma árvore frondosa, em três grandes blocos: a raiz e o tronco são a Sagrada Escritura, o ramo teórico são as disciplinas da teologia dogmática e o ramo prático são as demais disciplinas teológicas (Boff, 2014, p. 135).

O MEC, no âmbito das Diretrizes Curriculares Nacionais, enfatizou a proposta de um modelo de ementa curricular que englobe a teologia dada como ciência, dentro das mais variadas confissões religiosas presentes no país.

A organização curricular do MEC apresenta três núcleos ou dimensões de estudo da teologia. O primeiro é o **núcleo fundamental**, em que se inserem as disciplinas que caracterizam um curso de teologia, seu conceito e sua natureza; os textos sagrados ou oficiais, que são considerados fontes da teologia, assim como o estudo das línguas originais desses textos e as regras para sua interpretação; o estudo da história da construção do pensamento e da tradição institucional religiosa, assim como seus códigos legais ou assemelhados.

O segundo é o **núcleo interdisciplinar**, no qual estão as disciplinas, ou áreas do conhecimento, que atuam como campo de diálogo com a teologia, como filosofia, religião, sociologia, psicologia, antropologia, administração, direito, ética e disciplinas instrumentais, como língua nacional ou estrangeira etc. Nesse núcleo, dependendo da linha pedagógica adotada, algumas dessas disciplinas podem ser obrigatórias e, outras, optativas.

O terceiro é o **núcleo formativo** teórico-prático, no qual se inserem as disciplinas cuja função é a de completar a formação do estudante de teologia para a aquisição das competências, habilidades e atitudes pretendidas com o curso e ainda dentro da natureza própria de sua formação, considerando a perspectiva confessional.

Considerando o campo próprio da teologia, iremos focar no primeiro núcleo formativo das disciplinas que configuram a especificidade de um curso de Teologia Católica. A literatura recorrente apresenta uma estruturação das disciplinas teológicas organizando-as em blocos (Libanio; Murad, 2003, p. 212-237; Boff, 2014, p. 135-137). Cada autor sistematiza essa apresentação de um modo muito próprio, mas é possível assimilar o que é, predominantemente, comum nos esquemas.

Nesta obra, adotamos uma apresentação das disciplinas teológicas que compreendem o seu primeiro núcleo, fundamentada na orientação de documentos importantes a respeito da estrutura teológica dos cursos, como o decreto *Optatam Totius* (Paulo VI, 1965d, n. 16-18), que trata das disciplinas na perspectiva de uma formação teológica íntegra, harmoniosa e vital.

Apresentaremos a seguir, primeiramente, a unidade e a pluralidade das disciplinas teológicas. Em seguida, a teologia bíblica, com o estudo dos textos bíblicos, das línguas e da história bíblica; depois, a teologia sistemática, subdividindo-a em teologia fundamental, teologia dogmática e teologia moral; logo após, a teologia prática, com a liturgia, o direito canônico e a pastoral; por fim, outras disciplinas teológicas importantes, como a história da Igreja ou da teologia, a espiritualidade cristã, a missiologia e outras disciplinas práticas, como homilética e administração eclesiástica.

É importante saber, como nos apontam Libanio e Murad (2003, p. 249-250), que, nessa gama toda do estudo da teologia, há também as teologias do genitivo, em que se escolhe, especificamente, um tema ou um aspecto da realidade dentro do estudo teológico (por exemplo, teologia da educação, teologia do trabalho, teologia do corpo etc.); e os enfoques teológicos, cuja mediação hermenêutica é alterada pela perspectiva global no enfoque que orienta toda a reflexão teológica (por exemplo, teologia da libertação, teologia pública, teologia feminista etc.). No entanto, a base do conteúdo de Introdução à Teologia, aqui apresentado, não pretende explanar esses aspectos, mas sim oferecer um estudo teológico estruturado em seus elementos fundantes.

5.1 Unidade e pluralidade das disciplinas teológicas

Antes de abordarmos a divisão estrutural para o estudo da teologia, deve ficar claro, para nós, que há uma **dinâmica de unidade e pluralidade** das disciplinas teológicas devido à tamanha profundidade do Mistério revelado, que não pode ser completamente exposto num único sistema teológico. A garantia da unidade teológica na diversidade de suas disciplinas se dá pelo fato de que elas têm **o mesmo objeto formal**, que é Deus revelado em **Jesus Cristo**.

Com relação ao conhecimento, Edgar Morin (2003, p. 14) defende o conceito de complexidade, que deve considerar o todo, integrando os demais conhecimentos. Para tanto, utiliza os termos *interdisciplinaridade* e *transdisciplinaridade*. Mas, para São Tomás de Aquino (2016a, p. 27), o conhecimento do todo transcende essas categorias. Por mais que se amplie o conhecimento, ele nunca é total. Ambos apelam para um conhecimento maior que integre o todo, e não apenas que se aprofunde em uma especificidade. A Comissão Teológica Internacional (CTI, 2012, n. 74) atenta para o Mistério como ponto de unidade da teologia:

> Todos os "mistérios" contidos nos diversos tratados teológicos se referem ao que é, no sentido mais estrito, o único mistério absoluto, ou seja, o Mistério de Deus. A referência a esse Mistério une a teologia, na vasta gama de temas e contextos que essa tem, e o conceito de *reductio in Mysterium* pode ser avaliado como uma expressão do dinamismo que une profundamente as proposições teológicas.

Como já dissemos, na patrística, a teologia era considerada uma unidade simples; na escolástica, entendida como unidade complexa; na modernidade, era tida como uma unidade formal, pois, na realidade, era fragmentada (decorrente de certo distanciamento entre teologia e vida comunitária); na contemporaneidade, a teologia apresenta-se como uma unidade enciclopédica (Boff, 2014, p. 135). Todavia, a teologia contemporânea traz a necessidade de especialização e, consequentemente, cresce o número de disciplinas. "Dentro da teologia há cada vez mais especialização interna em disciplinas diferentes. [...]. Esse desenvolvimento é inevitável e compreensível por causa da natureza científica da teologia e das demandas de pesquisa" (CTI, 2012, n. 76).

Contudo, se a teologia cristã quiser comunicar a mensagem de Jesus Cristo ao mundo, tanto em caráter teológico quanto pastoral, há necessidade de uma unidade no discurso teológico. Essa unidade não deve ser confundida com uniformidade ou um estilo único na mensagem, mas é, autenticamente, constituída pelas notas da universalidade apostólica, a qual deriva do Evangelho de Jesus Cristo, o Salvador do universo e de toda a humanidade (Ef 1: 3-10; 1 Tm 2:3-6)[1].

> No explorar o inesgotável mistério de Deus e os inumeráveis caminhos pelos quais a graça de Deus opera a salvação em contextos

---

[1] Todas as passagens bíblicas indicadas neste capítulo são citações de Bíblia (1995).

diversos, a teologia correta e necessariamente assume uma infinidade de formas, e, ainda, no indagar a única verdade de Deus uno e trino e o uno plano de salvação centrado no único Senhor Jesus Cristo, essa pluralidade deve manifestar traços familiares distintos. (CTI, 2012, n. 2)

Uma vez que os caminhos da graça divina são inumeráveis, logicamente, a teologia cristã deve contemplar essa pluralidade em sua reflexão, pois a doutrina da graça está em relação intrínseca com a doutrina sobre Deus. Seguindo o pensamento do papa João XXIII no discurso inaugural do Concílio Vaticano II: "são, precisamente, as descobertas admiráveis do gênio humano e os progressos da ciência de que hoje desfrutamos que induzem a Igreja a encarecer o enraizamento antropológico e a orientação escatológica da sua doutrina apostólica" (Sesboüé, 2006, p. 392).

A **pluralidade teológica encontra seu fundamento na Sagrada Escritura**, de modo evidente e singular em cada Evangelho, ainda que ambos apresentem o mesmo conteúdo da fé. Isso significa que há um **princípio de unidade** na teologia cristã baseado no **próprio Verbo** que se fez carne e habitou entre nós (Jo 1:14). Ele é, por excelência, a graça e a salvação que se autocomunica de diversas formas e maneiras para toda a humanidade.

5.2 Teologia bíblica

A Sagrada Escritura é a raiz e o tronco da teologia, da qual procedem todas as suas ramificações. Em outras palavras ilustrativas, a Sagrada Escritura é a espinha dorsal de toda a estrutura teológica da fé cristã. Por essa razão, uma boa base bíblica é imprescindível na formação acadêmica de um teólogo cristão. Tanto a *Dei Verbum* (Paulo VI, 1965a,

n. 24) quanto a *Optatam Totius* (Paulo VI, 1965d, n. 16) afirmam que a Sagrada Escritura é a alma da teologia.

> Os alunos sejam formados com particular empenho no estudo da Sagrada Escritura, que deve ser como que a alma de toda a teologia. Depois da conveniente introdução, iniciem-se cuidadosamente no método da exegese, estudem os temas de maior importância da Revelação divina e encontrem na leitura e meditação dos Livros sagrados estímulo e alimento. (Paulo VI, 1965d, OT, n. 16)

A CTI (2012, n. 4), em consonância ao ensinamento conciliar, afirma que "a teologia, em todas as suas diversas tradições, disciplinas e métodos, está radicada no ato fundamental de ouvir na fé a Palavra de Deus revelada, o próprio Cristo". Ainda que o teólogo aprofunde seu conhecimento especializando-se em outra área da teologia, a Sagrada Escritura é indispensável no seu processo formativo.

O desafio atual consiste em não perder o fundamento de unidade na pluralidade das reflexões teológicas. Obviamente, essa unidade não significa uniformidade, mas embasamento sólido na Revelação, que é o Verbo encarnado, a Palavra de Deus feita carne (Jo 1:14). Para não a reduzir ao texto literal escrito, é importante uma explicação de suas riquezas inumeráveis pelas reflexões teológicas, capazes de dialogar e de se comunicar umas com as outras, revelando esse ponto de unidade (CTI, 2012, n. 5).

Por isso, nesse bloco temático, aprendem-se as disciplinas que estudam os textos bíblicos, sua história, as línguas originais dos textos, assim como os instrumentos científicos da exegese e da hermenêutica, necessários para a teologia bíblica, a fim de não fazermos uma leitura fundamentalista da Sagrada Escritura, desprovida de um estudo sério e responsável. De acordo com Fitzmyer (1997, p. 60), uma leitura fundamentalista tende a tratar o texto bíblico como se fosse ditado pelo Espírito Santo, negando os condicionamentos antropológicos do tempo:

> Menospreza os gêneros e modos literários do pensamento humano nos quais textos foram formulados por longos períodos em situações históricas diversas. Também insiste, desmedidamente, na inerrância de detalhes, sobretudo os que tratam de questões históricas ou pseudocientíficas, e tende a considerar histórico tudo o que é narrado no tempo passado, sem respeitar o que pode ter sido usado apenas como simbólico ou figurativo.

Entre as disciplinas referentes à teologia bíblica, requer-se uma introdução geral à Bíblia que apresente uma visão panorâmica do Antigo e do Novo Testamento – como conceitos de Revelação, inspiração, cânon, gêneros literários, exegese, hermenêutica etc. É importante que haja uma disciplina que estude as diferentes etapas da história do povo de Israel, em seu contexto sociocultural, político e religioso, bem como disciplinas que contemplem os livros bíblicos do Antigo e do Novo Testamento, estudando a contextualização do texto, do cenário histórico em que a narrativa se dá, estilo literário, autoria e personagens. Além dessas, também são necessárias disciplinas voltadas ao estudo das línguas clássicas em que os textos bíblicos foram escritos.

5.3 Teologia sistemática

A sistematização desta obra considera a teologia sistemática como a atualização dos dados da fé eclesial, que tem como objetivo compreender inteligentemente o conteúdo da fé. A terminologia *sistemática* é utilizada por muitos institutos como sinônimo da teologia dogmática, no intuito de superar o termo ligado à palavra *dogma*, estigmatizada por muitos. Na verdade, o problema terminológico deverá ser resolvido esclarecendo, atualizando e aprofundando o próprio conceito de dogma.

A **teologia sistemática** abrange um paradigma mais amplo que a constitui, pois ela inclui, além das disciplinas da **teologia dogmática**, as disciplinas da **teologia fundamental** e da **teologia moral**. É sob esse paradigma que apresentaremos a teologia sistemática.

5.3.1 Teologia fundamental

A teologia fundamental é uma ciência teológica voltada para a investigação e a fundamentação da Revelação divina em Jesus Cristo, atenta à continuidade dessa mesma Revelação transmitida pela fé cristã. Tem como objeto de investigação a gênese divina da fé cristã e sua procedência ao longo da história. Trata-se de uma disciplina basilar para a teologia sistemática, por isso chamada *fundamental*. Libanio (1994, p. 65) apresenta a função elementar da teologia fundamental:

> a teologia fundamental é entendida hoje mais comumente como a reflexão sobre a primeira realidade cristã, a revelação de Deus, testemunhada de modo pleno por Jesus Cristo. Reflexão, portanto, dos fundamentos da dogmática, feita de maneira crítica, mas conduzida pela fé, desvendando-lhes os motivos de credibilidade. [...] Reflete sobre a revelação como forma e condição de toda fé, de toda teologia, de todo dogma.

No conjunto da teologia, essa é uma disciplina que **mobiliza as perguntas fundamentais da fé**, porque instiga as questões epistemológicas relacionadas à sua identidade, seu objeto e seu método. Nela, o estudante de teologia desenvolve as razões da fé cristã (1Pd 3:15) e a elucidação de seus fundamentos. Por essa razão, a justificação da fé é inerente ao seu anúncio.

Assim, a teologia fundamental lança as bases do conhecimento teológico, suas características epistemológicas e metodológicas ao longo da história e nos dias atuais. Nesse bloco, estuda-se também o círculo hermenêutico da Revelação de Deus em Jesus Cristo e da Fé como dom divino e, consequentemente, a resposta humana ao Deus revelado. É ela que estabelece o diálogo com os que não creem e visa a possibilidade de colaboração mútua com eles na transformação do mundo diante dos problemas que afetam a humanidade.

5.3.2 Teologia dogmática

A teologia dogmática compreende o conjunto de **disciplinas de caráter teórico-reflexivo acerca do legado teológico da Igreja.**

Para Boff (2014, p. 135), a teologia dogmática constitui o ramo teórico da teologia. Para Libanio e Murad (2003, p. 224), "a matéria-prima da dogmática é o dado revelado, aprofundado, reinterpretado e enriquecido pela tradição viva e regulada pelo Magistério no decorrer da história".

As disciplinas centrais são: Trindade (estudo de Deus nas Três pessoas da Santíssima Trindade), Cristologia (estudo da pessoa de Jesus Cristo e a sua obra redentora), Pneumatologia (estudo da pessoa do Espírito Santo), Eclesiologia (estudo da Igreja), Sacramentos (estudo dos sacramentos de iniciação cristã, de cura e de serviço), Antropologia teológica (estudo do ser humano como criatura), na qual estão implícitos os conceitos de criação, graça, pecado e salvação, e Escatologia (estudo sobre o fim último de todas as coisas).

A partir do Concílio Vaticano II, a dogmática passou por um novo processo de estudo do dogma, do esquema dedutivo das teses dogmáticas para o **esquema especulativo, centrado na Escritura, na patrística e na história da Igreja,** como propõe a *Optatam Totius*:

> A teologia dogmática ordene-se de tal forma que os temas bíblicos se proponham em primeiro lugar. Exponha-se aos alunos o contributo dos Padres da Igreja oriental e ocidental para a Interpretação e transmissão fiel de cada uma das verdades da Revelação, bem

como a história posterior do Dogma tendo em conta a sua relação com a história geral da Igreja. Depois, para aclarar, quanto for possível, os mistérios da salvação de forma perfeita, aprendam a penetrá-los mais profundamente pela especulação, tendo por guia Santo Tomás, e a ver o nexo existente entre eles. Aprendam a vê-los presentes e operantes nas ações litúrgicas e em toda a vida da Igreja. (Paulo VI, 1965d, OT, n. 16)

No estudo das disciplinas dogmáticas, o que se deve cuidar é do dogmatismo que incorre em entender as formulações dogmáticas de modo anacrônico e imutável em suas demonstrações verbais, resistindo a uma atualização hermenêutica do dogma e negando a necessidade das mediações históricas para a adequada e atualizada compreensão da teologia. Segundo Rahner (citado por Mondin, 1979, p. 116), há um valor absoluto na Revelação, cuja verdade permanece para todos os séculos. Contudo, a evolução é necessária porque essa verdade divina é expressa em proposições humanas, portanto limitadas em abarcar toda a realidade contida nela mesma (Mondin, 1979, p. 116).

5.3.3 Teologia moral

A teologia moral pertence ao arcabouço da teologia dogmática como sua dimensão prática, apoiada por uma consistente fundamentação teórica. O foco principal da teologia moral consiste na **reflexão do agir cristão**, com base na revelação, em todos os âmbitos da vida humana sob as exigências da fé. Há uma tendência também em utilizar e até em substituir o termo *teologia moral* por *ética teológica*, na tentativa de distanciar-se de uma moral casuística, decorrente do ensinamento tridentino (Böckle, citado por Eicher, 2005, p. 252).

A teologia moral é a compreensão do reconhecimento pela fé da nova dignidade que os cristãos são chamados a levar, de acordo com a dignidade do Evangelho de Cristo (CIC, 1992, n. 1692). Essa dignidade se traduz em uma nova vida em Cristo, que pautará as atitudes, as decisões e o comportamento que o cristão assumirá viver, decorrente da fé que livremente abraçou.

Como colocam Libanio e Murad (2003, p. 221), a teologia moral visa refletir sobre a resposta concreta que o ser humano dá como ato de fé nos diversos âmbitos de sua existência: na relação com o outro, consigo mesmo, com a comunidade, com Deus e com a sociedade em geral.

> Configura-se como autêntico saber crítico e específico sobre o compromisso ético dos cristãos, vivido e interpretado à luz da fé. Erige-se em legítimo saber ético, comportando exigências de criticidade teórica e garantias de plausibilidade sociocultural. Ao mesmo tempo, busca e sustenta "a identidade cristã de seu objeto e a genuína razão teológica de seu discurso" (M.Vidal). (Libanio; Murad, 2003, p. 221)

Compreendendo várias disciplinas, a teologia moral as divide em: Moral Fundamental, a qual embasa os critérios ético-teológicos do agir cristão, abordando temas como consciência, liberdade, pecado, responsabilidade etc.; e a moral aplicada às diversas realidades humanas, como a Moral Social, na qual se estuda também a Doutrina Social da Igreja, a Moral da Pessoa, a Moral Familiar, a Moral Sexual etc.

5.4 Teologia prática

Por *teologia prática* entende-se o **conjunto de disciplinas voltado para as questões teológicas aplicadas às questões práticas**. O fato de categorizar certas disciplinas ao conjunto da teologia prática não descarta a dimensão reflexiva e teórica de cada uma delas. Ao contrário, a *práxis* teológica é fruto e, ao mesmo tempo, semente da sua reflexão. *Lex orandi, lex credendi, lex vivendi* – ou seja, na teologia cristã, **a lei da oração é a lei da fé e da vida**, recíproca e dinamicamente.

Hoje, nas grandes instituições, para prezar por sua cultura organizacional, estabelecem-se a missão, a visão e os valores que balizam o comportamento e as tomadas de decisão dos seus membros. Em outras palavras, a prática daquela determinada instituição será tanto mais coerente e eficaz quanto mais for uma tradução dos códigos de conduta expressos na missão, na visão e nos valores que ela assume. As disciplinas referentes às questões práticas da fé cristã buscam balizar e, ao mesmo tempo, decodificar os códigos e símbolos da fé aplicados na vida. Por exemplo, a dimensão celebrativa do conteúdo teológico se expressa na liturgia, e é o meio de traduzir, na prática do rito, uma vida de fé autenticamente cristã.

Para Santo Tomás de Aquino (2016a, art. 4), a sagrada doutrina (teologia) se constitui por uma dimensão especulativo-teórica e por uma dimensão prática, "pois ela compreende o objeto de ambas; bem como Deus, pela mesma ciência, conhece o próprio ser e suas obras". De fato, o esboço de toda a teologia confere esse dinamismo, ainda que algumas acentuem mais uma dimensão do que outra, mas ambas as dimensões são necessárias para sua corroboração.

Ainda que haja outras disciplinas pertencentes a esse ramo, aqui, destacaremos algumas a fim de identificá-las em suas categorias de reflexão. Tratam-se disciplinas que, fundamentadas no conteúdo da fé, apresentam balizas para a práxis moral, litúrgica e pastoral.

5.4.1 Liturgia

A palavra *liturgia* vem do grego *leitourgia*, formada pelos termos *érgon* ("serviço") e *lêitós* (adjetivo de *laós*, "povo"), tomando assim a significação de serviço, obra, ação do povo. A liturgia se faz elemento ordenador de beleza e sentido, conduzindo a Igreja com seus ritos no decorrer da história, como a cadência espiritual da fé cristã. A liturgia é uma das expressões simbólicas mais eloquentes do conteúdo da fé cristã, pois nela se revela a essência da identidade, da missão e da finalidade da Igreja.

Nesse sentido, como disciplina, ela eleva o fazer teológico ao caráter celebrativo dos conteúdos estudados. "Na liturgia, o Espírito Santo é o pedagogo da fé do povo de Deus, o artífice das obras-primas de Deus, que são os sacramentos da nova aliança" (CIC, 1992, n. 1091). Por essa razão, a liturgia tem função pedagógica dos conteúdos da fé, assimilados pela *práxis* celebrativa e ritual da Igreja.

O Concílio Vaticano II, desde a Constituição Dogmática *Lumen Gentium*, fez do tríplice múnus[2] de Cristo e da Igreja (profético, sacerdotal e real) "um princípio contínuo de articulação" (Lengeling, citado por Eicher, 2005, p. 500). Essa articulação abrange toda a dimensão litúrgica da fé cristã.

A prática litúrgica da Igreja é a matéria-prima de estudo da liturgia, pois ela não é somente *locus theologicus*, mas também modo de ser revelação (Libanio; Murad, 2003, p. 233-234). Por essa razão, ela é abordada de modo interdisciplinar às outras áreas da teologia: bíblica, histórica e, em viés normativo e espiritual, pois expressa a vivência celebrativa e, de fundo, revela a compreensão teológica da comunidade eclesial.

5.4.2 Direito canônico

O conjunto das normas e prescrições jurídicas da Igreja como instituição civil e religiosa está condensado no Código de Direito Canônico. Seu objetivo é oferecer as normas que orientam os cristãos quanto aos direitos e deveres dos fiéis e da comunidade eclesiástica.

A teologia estuda o direito canônico para conhecer seu conteúdo e compreender seu valor em vista de sua aplicabilidade. Para assimilar,

---

2 Essa expressão de origem latina quer dizer que Cristo imprime, pelo batismo, três encargos, ou seja, três funções ou deveres de serviço: a profecia, o sacerdócio e a realeza.

significativamente, o código de direito canônico, são necessários alguns instrumentais que ajudem a decodificá-lo, como o conhecimento prévio da linguagem e da lógica do sistema jurídico, elementos essenciais para a adequada interpretação. Isso se dá pelo fato de que a sistematização do direito eclesiástico está subordinada aos princípios formais gerais do direito.

Não basta ter o Código de Direito Canônico em mãos e sair aplicando sanções disciplinares desmedidamente, pois ele carece de estudo mais apurado e de ferramentas de interpretação pautadas em seu princípio de manter a consonância entre o foro externo (foro social civil e eclesiástico) e o foro interno (a consciência diante de Deus). Por essa razão, é necessário que o teólogo esteja afinado para saber discernir as circunstâncias na dinâmica da lei e da graça, como nos ensina o Evangelho de Cristo.

5.4.3 Pastoral

A teologia pastoral não é um conjunto de recursos didáticos, pedagógicos, nem formativos, para aplicar seja o direito canônico ou a moral, seja a dogmática ou a eclesiologia. Ela é, antes de tudo, uma teologia da ação. A pastoral dá o que pensar, na medida em que não constitui um mero lugar de aterrissagem de uma ortodoxia previamente estabelecida, mas é fonte criadora de ideias – um verdadeiro *locus theologicus*. Não se trata de qualquer tipo de ação, mas da *práxis* transformadora dos cristãos e das pessoas em geral.

Segundo Brighenti (2009, p. 12), a perspectiva teológica da reflexão pastoral consiste na prática transformadora da fé, em como ela atua no mundo, tendo o Reino de Deus como horizonte da evangelização. Assim, a teologia pastoral consiste em uma verdadeira teologia da ação, que não se reduz à mera aplicação do direito canônico ou da teologia moral, ou mesmo da teologia dogmática. Para garantir sua vitalidade evangelizadora, a pastoral se refere também à organização e à animação da vida da comunidade (Libanio; Murad, 2003, p. 232).

5.5 Outras disciplinas importantes

Além das disciplinas apresentadas até aqui, há outras que são de veraz importância para a formação teológica, como História da Igreja, Espiritualidade, Missiologia. São disciplinas oriundas da teologia prática e que dialogam com diversas áreas do conhecimento humano, tanto de ordem teórica quanto prática.

5.5.1 História da Igreja

A história da Igreja, ou do cristianismo como um todo, deve ser estudada com maturidade num viés técnico-científico e sob a ótica da fé. É bem útil para a teologia compreender como e por que a Igreja faz opções pastorais e assume distintas configurações no decorrer dos tempos, bem como conhecer o contexto vital em que elabora e reinterpreta sua doutrina (Libanio; Murad, 2003, p. 229).

A área de estudo História da Igreja fornece um eixo, uma visão panorâmica das grandes fases da história universal, inserindo aí as distintas formas que a comunidade eclesial assume, nos correspondentes contextos socioculturais, as opções pastorais e as formulações dogmáticas que elabora. De fato, a relação Igreja-mundo necessita de uma adequada compreensão histórica, superando a visão simplista de apenas fatos e eventos subsequentes, com base em um estudo crítico e sistemático do contexto histórico econômico, social, cultural e religioso no qual a Igreja está inserida.

5.5.2 Espiritualidade

A Espiritualidade reflete sobre o processo da fé, descrevendo a estrutura e as leis de seu desenvolvimento. Estuda a ressonância do relacionamento com Deus na consciência, na liberdade e nos sentimentos da pessoa. Define-se como **a ciência teológica que estuda o desenvolvimento progressivo da vida cristã**, quer dizer, da vida da graça animada pelo impulso dinâmico até alcançar a santidade perfeita, sob a ação vivificadora do Espírito Santo (Libanio; Murad, 2003, p. 232).

Metodologicamente, a espiritualidade cristã pode ser estudada, sistematicamente, como discurso temático regrado, como o seguimento de Jesus, a contemplação, a ascese, a mística da Cruz, a conversão etc., ou seguindo um percurso histórico, com base nas principais escolas de espiritualidade com suas características específicas.

Conhecer, e até mesmo aprofundar, a teologia da espiritualidade cristã nos dá pistas salutares para que a reflexão e o fazer teológico evoquem, de modo mais autêntico, o Mistério cristão, que se traduz nas circunstâncias do tempo e do espaço nas quais ele se revela.

5.5.3 Missiologia

A teologia da missão tem ganhado, cada vez mais, destaque nas reflexões pastorais e nos próprios documentos pontifícios atuais, tanto pela necessidade de um renovado ardor missionário quanto pela necessidade de atualizar o seu conceito no contexto contemporâneo. É uma disciplina que se insere na teologia pastoral, mas cabe aqui um destaque à parte. O mandato missionário de Jesus Cristo aos seus apóstolos: "Ide por todo o mundo, proclamai o Evangelho a toda criatura" (Mc 16:15) permanece válido e atual para nossos dias. Contudo, essa leitura missionária não pode ser simplista, sem critérios, pois o próprio Jesus instruía seus discípulos a respeito disso.

No contexto contemporâneo, é necessário refletir a missão em sua fundamentação bíblica, teológica e antropológica. Conhecer também o percurso histórico da missão cristã em suas metodologias no processo de evangelização apresenta, de fundo, a teologia que está embasando-a. Por essa razão, a Missiologia comporta uma reflexão bíblico-teológica, eclesiológica, pastoral e sociocultural da missão como anúncio do Evangelho de Jesus Cristo aos povos e culturas.

Síntese

Neste capítulo, apresentamos um panorama das principais disciplinas em um curso de teologia cristã. Obviamente, há outras que não foram aqui abordadas e também são importantes no processo de formação teológica. Embora o aluno se identifique ou se especialize numa área teológica, ele deve ter presente que o conhecimento integral da teologia lhe dará combustível suficiente para trilhar vigorosamente o percurso teológico até o fim.

Um bom curso de teologia fundamenta-se na dinâmica entre unidade e pluralidade das disciplinas teológicas. De fato, o conteúdo da fé não é completamente exposto num único sistema teológico, pois o Mistério revelado sempre transcende a totalidade de qualquer conhecimento humano. A teologia, na diversidade de suas tradições, disciplinas e métodos, está baseada no ato fundamental de ouvir na fé a Palavra de Deus revelada, que é o próprio Cristo encarnado. Por isso, independentemente de o teólogo especializar-se em uma área determinada da teologia, a Sagrada Escritura é imperativa na sua formação teológica.

A teologia sistemática abrange um amplo paradigma que inclui as disciplinas da teologia fundamental, da teologia dogmática e da teologia moral. A teologia fundamental é uma disciplina basilar voltada para o estudo da Revelação divina em Jesus Cristo, em continuidade da transmissão dessa mesma Revelação ao longo do tempo. A teologia dogmática abrange o conjunto de disciplinas acerca do legado teológico da Igreja. Trata do dado revelado, aprofundado, reinterpretado e enriquecido pela Tradição, afinada pelo Magistério ao longo da história. A teologia moral é a dimensão prática do dado revelado, apoiada em uma sólida fundamentação teórica, tendo como foco principal a reflexão do agir cristão.

A teologia prática abrange o conjunto de disciplinas voltado para as questões práticas da teologia aplicada, sem descartar a dimensão reflexiva e teórica de cada uma delas. Vimos que a liturgia é uma linguagem celebrativa ricamente simbólica sobre o conteúdo da fé cristã. O estudo do Código de Direito Canônico da Igreja Católica tem por objetivo conhecer as normas que balizam os direitos e deveres dos cristãos a fim de garantir a adequada aplicabilidade. A teologia pastoral é uma teologia da ação, pois compreende um verdadeiro *locus theologicus*.

Apresentamos também outras disciplinas importantes para a formação teológica, como a História do cristianismo, da Igreja, Espiritualidade e Missiologia. Oriundas da teologia prática, essas e outras disciplinas dialogam com diversas áreas do conhecimento humano, tanto de ordem teórica quanto prática. Um bom estudo da História da Igreja e/ou do cristianismo é útil para a compreensão do processo histórico do desenvolvimento, limites e crescimento da fé contextualizada ao longo do tempo. Vimos também que a Espiritualidade estuda o desenvolvimento progressivo da vida cristã, dinamizada pelo influxo da graça no Espírito Santo, e que a Missiologia é uma disciplina pastoral que estuda a teologia da missão, suas metodologias no processo de evangelização, numa leitura atualizada para o contexto contemporâneo.

Além desse breve panorama curricular sobre as disciplinas teológicas, reconhecemos que a intelecção da fé para a vida atual exige o estudo também de outras disciplinas filosóficas, antropológicas e afins, que conversam, em maior abrangência, com outras áreas do conhecimento humano.

Atividades de autoavaliação

1. Sobre as disciplinas teológicas, ao destacar as características de um bom curso de Teologia, é correto afirmar:
   a) As disciplinas teológicas são escolhidas aleatoriamente, somente no intuito de preencher a grade curricular exigida pelo Ministério da Educação (MEC). Afinal, o mais importante é decorar a Bíblia do começo ao fim, sem utilizar os recursos de interpretação.
   b) Elas têm como objetivo principal formar teólogos capacitados a expor, de forma racional, os dados da fé revelada, em diálogo com as demais ciências e confissões religiosas e convivendo de forma responsável na sociedade onde atua.
   c) Um bom curso de teologia não tem necessidade de seguir as orientações basilares do Ministério da Educação (MEC), pois não importa a sua estrutura acadêmica nem o reconhecimento civil.
   d) Um bom curso de teologia é baseado somente na oração, pois o conhecimento de Deus não se adquire pela razão.
   e) Todas as alternativas anteriores estão corretas.

2. Ao estudar sobre as disciplinas teológicas, vimos que há três núcleos da teologia. Com base no que foi estudado, assinale (V) para verdadeiro e (F) para falso.
   ( ) O primeiro é o núcleo fundamental, que abrange as disciplinas que caracterizam um curso de teologia, seu conceito e sua natureza; os textos sagrados ou oficiais, considerados como fontes da teologia; assim como a tradição institucional religiosa e seus códigos legais.

( ) O segundo é o núcleo bíblico, que integra os textos da Sagrada Escritura, o estudo das línguas originais e as ferramentas de exegese e hermenêutica.

( ) O segundo é o núcleo interdisciplinar, no qual estão as disciplinas ou áreas do conhecimento que atuam como campo de diálogo com a teologia.

( ) O terceiro é o núcleo fundamental, que abrange as disciplinas que caracterizam um curso de teologia, seu conceito e natureza. Essas disciplinas são optativas, pois não constituem o conjunto de disciplinas básicas.

( ) O terceiro é o núcleo formativo teórico-prático, no qual se inserem as disciplinas que têm a função de completar a formação do estudante de teologia para a aquisição das competências, habilidades e atitudes pretendidas com o curso.

Assinale a alternativa que apresenta a sequência correta:
a) F, V, F, V, V.
b) F, F, V, V, F.
c) F, V, V, V, F.
d) V, F, V, F, V.
e) V, F, F, F, V.

3. Com base nos estudos deste capítulo sobre a teologia bíblica, é correto afirmar:
   a) A Sagrada Escritura é a espinha dorsal de todo o arcabouço teológico da fé cristã.
   b) Uma boa base bíblica é imprescindível na formação acadêmica de um teólogo cristão.
   c) Se aprende as disciplinas que estudam os textos bíblicos, sua história, as línguas originais dos textos, assim como os instrumentos científicos da exegese e da hermenêutica.

d) Entre as disciplinas referentes à teologia bíblica, é importante uma introdução geral à Bíblia que apresente uma visão panorâmica do Antigo e do Novo Testamento, como conceitos de Revelação, inspiração, cânon, gêneros literários, exegese, hermenêutica etc.
e) Todas as alternativas anteriores estão corretas.

4. Sobre a teologia sistemática é correto afirmar:
   I. A teologia sistemática abrange as disciplinas da teologia dogmática, da teologia fundamental e da teologia moral.
   II. A teologia fundamental é a reflexão sobre a primeira realidade cristã, a Revelação de Deus, testemunhada plenamente em Jesus Cristo.
   III. A teologia dogmática compreende o conjunto de disciplinas de caráter teórico-reflexivo acerca dos dogmas, ou seja, do legado teológico da Igreja.
   IV. A teologia dogmática é o conjunto das disciplinas de teologia sistemática.
   V. A teologia moral consiste na reflexão do agir cristão, com base na Revelação, em todos os âmbitos da vida humana sob as exigências da fé.

   Assinale a alternativa que apresenta a resposta correta:
   a) As afirmativas II, III e V são verdadeiras.
   b) As afirmativas I, III e IV são verdadeiras.
   c) As afirmativas II e V são verdadeiras.
   d) As afirmativas I, II, III e V são verdadeiras.
   e) Todas as afirmativas são verdadeiras..

5. A respeito do que estudamos sobre a teologia prática, é correto afirmar:
   a) A teologia prática dispensa a reflexão teórica.
   b) É o conjunto de disciplinas voltado para as questões teológicas aplicadas às questões práticas da fé. O fato de categorizá-las assim não descarta a dimensão reflexiva e teórica de cada uma delas.
   c) A teologia prática é o conjunto de disciplinas voltado para as questões de aplicabilidade das leis canônicas.
   d) Todas as alternativas anteriores estão corretas.
   e) Nenhuma das alternativas anteriores está correta.

Atividades de aprendizagem

Questões para reflexão

1. O texto sugerido para leitura é um trecho do livro *Introdução à teologia: perfil, enfoques, tarefas*, de J.B. Libanio e A. Murad (2003, p. 212-213), no qual se discorre sobre as áreas de estudo e disciplinas teológicas:

   > Ao iniciar o curso de teologia, o aluno se sente, por vezes, como um cidadão urbano, desabituado com o mundo rural, quando se dispõe a fazer incursão num bosque. Permanece perplexo diante da estranheza deste mundo. Não sabe guiar-se e teme perder-se no meio das trilhas. Ser-lhe ia muito útil um mapa da floresta. Também alguém distante do mundo acadêmico da teologia, pergunta-se se existe assunto suficiente para preencher quatro anos de estudo. Nem sequer pode imaginar a quantidade e diversidade de disciplinas e áreas de estudo desenvolvidas pela e na teologia.
   >
   > Ao seguir as orientações de diversas instâncias (eclesiais, congregacionais). Há também diversidade de carga horária e interesse nas disciplinas ou áreas de estudo. Alguns centros acentuam nitidamente a teologia dogmática. Outros, a bíblica. Outros ainda,

a teologia sacramental e o direito canônico. Fundem-se ou separam-se disciplinas, dependendo da opção do centro acadêmico e – por que não dizer claro? – dos professores disponíveis. Existe rol imenso de arranjos. Ora, a liturgia ou a mariologia ocupam espaços próprios, ora se lecionam nos tratados dos sacramentos ou da eclesiologia, respectivamente. A patrística, ora dilui-se na história da Igreja, ora na teologia dogmática, ou é contemplada como disciplina separada. Em alguns casos, fundem-se graça e escatologia numa só disciplina. Os evangelhos podem ser estudados individualmente, ou se agrupam os sinóticos num só curso. Ademais, algumas disciplinas são trabalhadas em forma intensiva, por meio de seminários e cursos extraordinários, no início do ano acadêmico. Os exemplos se multiplicam ao infinito.

Como os autores colocam, "tendo em conta esta sã diversidade", você teve, neste capítulo, a oportunidade de estudar os grandes núcleos básicos da teologia acadêmica e suas disciplinas. Baseando-se nisso, desenhe um mapa mental das áreas e disciplinas correspondentes que seja adequado para você.

2. Leia o texto a seguir, retirado do documento *Teologia hoje: perspectivas, princípios e critérios*, da Comissão Teológica Internacional (CTI, 2012, n. 77-78):

> A pluralidade de teologias é, sem dúvida, necessária e justificada. Isso resulta, antes de tudo, da abundância da verdade divina, que os seres humanos só podem apreender em seus aspectos específicos e nunca em sua totalidade, e, além disso, nunca definitivamente, mas sempre, por assim dizer, com novos olhos. Além disso, em razão da diversidade dos objetos que ele considera e interpreta (por exemplo, Deus, os seres humanos, os eventos históricos, os textos), e a própria diversidade dos questionamentos humanos, a teologia deve, inevitavelmente, recorrer a uma pluralidade de disciplinas e métodos, de acordo com a natureza do objeto a ser estudado. A pluralidade de teologias reflete, de fato, a catolicidade da Igreja,

que se esforça para proclamar o único Evangelho às pessoas de toda parte e em todos os tipos de circunstâncias.

A pluralidade, naturalmente, tem seus limites. Há uma diferença fundamental entre o legítimo pluralismo da teologia, por um lado, e do relativismo, heterodoxia ou heresia, por outro. O próprio pluralismo, todavia, é problemático se não houver comunicação entre as diferentes disciplinas teológicas ou se não houver critérios concordes pelos quais as várias formas de teologia possam ser compreendidas – para si mesmas e para os outros – como teologia católica. Essencial para evitar ou superar esses problemas é um reconhecimento comum fundamental da teologia como um empreendimento racional, *scientia fidei* e *scientia Dei*, de tal forma que cada teologia possa ser avaliada em relação a uma verdade comum universal.

Registre sua percepção sobre o que o documento destaca em relação à pluralidade teológica com base no que estudamos neste capítulo.

Atividade aplicada: prática

1. Faça um mapeamento das disciplinas teológicas que seu curso oferece e procure classificá-las dentro das grandes áreas.

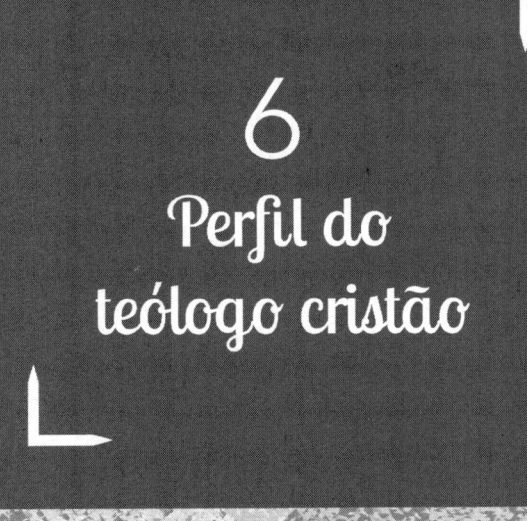

6
Perfil do teólogo cristão

Para o fechamento desta obra, veremos, neste capítulo, os elementos primordiais que constituem o perfil do teólogo cristão. O intuito é desenharmos os aspectos relevantes que caracterizam um teólogo de elevada envergadura. Para uma produção teológica profícua, exige-se que o teólogo estreite a relação teoria e prática, numa busca constante de coerência com o conteúdo refletido. Longe de nos identificarmos como o próprio conteúdo – que, em última análise, é o próprio Deus que transcende nossos limites humanos –, ou tornarmo-nos autorreferência para os outros – que seria um risco de fazermos Deus à nossa imagem e semelhança –, essa busca coerente diz respeito à tensão profética de uma teologia em si, autenticamente cristã, marcada pelo princípio da encarnação.

O Papa Bento XVI faz uma declaração a esse respeito que merece nossa atenção. Para ele, Deus é a temática central de sua pesquisa teológica, sem uma intenção de criar um sistema próprio, uma teologia particular. O seu ponto de partida é, antes de tudo, a Palavra: crer na Palavra de Deus, buscando verdadeiramente conhecê-la e compreendê-la, para, assim, pensar com os grandes mestres da fé. Por isso, a sua teologia é fontalmente bíblica, uma marca herdada dos Padres da Igreja, em particular, de Santo Agostinho de Hipona (Path, 2007, p. 9)[1].

Podemos ver que essa percepção está presente nos grandes teólogos da Igreja. Segundo Libanio e Murad (2003, p. 69), a teologia cristã exerce sua tarefa reflexiva na atitude dinâmica de "um sujeito que se entrega à fé que elabora e que sabe não se lançar num vazio objetivo e sim acolher a Palavra dada anteriormente e transmitida na tradição viva da Igreja" (Libanio; Murad, 2003, p. 69). Desse modo, não há como um teólogo ser indiferente ao conteúdo que elabora.

6.1 Fé objetiva e subjetiva

O primeiro aspecto que compõe o perfil do teólogo cristão é a fé entendida tanto em nível objetivo quanto subjetivo. "A fé é uma posse antecipada do que se espera, um meio de demonstrar as realidades que não se veem. Foi por ela que os antigos deram o seu testemunho" (Hb 11:1-2)[2]. O princípio básico para a desenvoltura da tarefa teológica consiste na fé, apresentada nesses dois níveis de compreensão. Como afirma a Carta aos hebreus, não é sem ela, mas exatamente por meio dela

---

1 Essa reflexão foi extraída do texto em italiano intitulado *Aspetti del pensiero teologico di Joseph Ratzinger*, vol. 6, de Path (2007, p. 9): "Dio è la tematica centrale della mia ricerca. Non ho mai cercato di creare un mio sistema, una mia particolare teologia [...]. Il punto di partenza è anzitutto la Parola: credere alla Parola di Dio, cercare davvero di conoscerla e di comprenderla, e quindi pensare insieme con i grandi maestri della fede. Per questo la mia teologia ha una certa impronta biblica e un'impronta che le deriva dai Padri, in particolare da Agostino".

2 Todas as passagens bíblicas indicadas neste capítulo são citações de Bíblia (1995).

que o testemunho do que se crê ganha evidência na vida e na reflexão do teólogo. De fato, um teólogo deve ter vivamente presente que a fé abarca uma dimensão subjetiva da experiência pessoal e uma dimensão objetiva de caráter eclesial. C. S. Lewis (2005, p. 54, grifo do original) ilustra, no seguinte texto, a ocasião em que dava uma palestra e um oficial da aeronáutica levantou-se e disse:

> "Nada disso tem serventia para mim. Mas saiba que também sou um homem religioso. Sei que existe um Deus. Sozinho no deserto, à noite, já senti a presença dele: o tremendo mistério. E é exatamente por isso que não acredito em todas essas fórmulas e esses dogmas a respeito dele". [...] Da mesma maneira, um homem que já viu o Atlântico da praia e depois olha um mapa do Atlântico também **está** trocando a coisa real pela menos real: troca as ondas de verdade por um pedaço de papel colorido. Mas é exatamente essa a questão. [...] Em primeiro lugar, ele se baseia nas experiências de centenas ou milhares de pessoas que navegaram pelas águas do verdadeiro oceano Atlântico. Dessa forma, tem por trás de si uma massa de informações tão reais quanto a que se pode ter da beira da praia; com a diferença que, enquanto a sua é um único relance, o mapa abarca e colige todas as experiências de diversas pessoas. Em segundo lugar, se você quer ir para algum lugar, o mapa é absolutamente necessário. [...] A Teologia é como o mapa. [...] As doutrinas não são Deus, são como um mapa. Esse mapa, porém, é baseado nas experiências de centenas de pessoas que realmente tiveram contato com Deus – experiências diante das quais os pequenos frêmitos e sentimentos piedosos que você e eu podemos ter não passam de coisas elementares e bastante confusas. Além disso, se você quiser progredir, precisará desse mapa.

A teologia clássica se desenvolve tanto objetiva quanto subjetivamente. A teologia clássica se desenvolve tanto na dimensão *fides qua* quanto na *fides quae*. Explicamos: essas duas expressões latinas manifestam, cada uma, um modo distinto de experimentar a fé. A *fides qua* implica um caráter mais indutivo da fé, subjetivo, pessoal. A *fides quae* implica um caráter mais dedutivo da fé, objetivo e eclesial.

Assim, **a fé se estabelece como pressuposto objetivo e subjetivo da teologia**. Do ponto de vista objetivo, os artigos de fé, ou o *fides quae*, constituem os **dados revelados**, ou seja, o depósito da fé, que são a matéria-prima da teologia cristã. Do ponto de vista subjetivo, a *fides qua* é a fé como **atitude interior** e resposta livre e obediente à revelação divina.

Ambas devem ser consideradas dinamicamente no trabalho teológico científico. Ratzinger (1993, p. 54) afirma que "à teologia pertence o crer e o pensar. A ausência de um ou do outro provocaria a dissolução da atividade teológica". Libanio e Murad (2003, p. 69) compreendem a "*Fides qua*, enquanto ato pelo qual ele se entrega em liberdade à Palavra revelada de Deus e comunicada pela Igreja na pregação viva (*querigma*). *Fides quae*, enquanto reconhece que esta Palavra de Deus tem uma densidade objetiva a que deve aderir e à qual sua subjetividade se conforma".

A fé é um pressuposto indispensável do fazer teológico, porém isso não significa que seja o único elemento, nem que venha a excluir a relação com o mundo presente, antes a exige substancialmente. No cenário contemporâneo, a fé revelada pode contribuir para que a ciência saiba conviver com a ambiguidade e o limite do conhecimento que muitas vezes esbarra no Mistério.

Para Romano Guardini (citado por Mondin, 1979, p. 74), corremos o risco de não encontrarmos a realidade do mundo na fé professada. Desse modo, o resultado dessa laceração entre fé e vida, está em "uma fé que perdeu sempre mais o seu encontro com o mundo, e, portanto, está sempre menos em condições de abarcar e plasmar o mundo" (Guardini, citado por Mondin, 1979, p. 74). E, consequentemente, se não assume esse mundo, não é capaz também de salvá-lo.

Por essa razão, Bento XVI lembra os teólogos, que a teologia reciprocamente deve "preocupar-se com o diálogo com cada ser humano na busca razoável da verdade e deve adentrar no universo da fé, tentando penetrar sua própria lógica e profundidade" (Path, 2007, p. 4, tradução nossa)[3]. Ao refletir sobre o pensamento de Ratzinger a respeito da relação entre fé e razão, Fisichella (citado por Path, 2007, p. 40, tradução nossa) diz que:

> A verdadeira religião, portanto, consiste precisamente nessa capacidade de conjugar o ser humano inteiro sem anular sua natureza; a fé lhe permite abandonar-se ao mistério fazendo isso com total liberdade e consciência, a vida lhe pede para ser coerente indo sempre além do limite da contradição pessoal por ter fixado o seu objetivo final[4].

Crer é um ato pessoal, pois implica o encontro Pessoa (Deus) com a pessoa (ser humano), no qual Deus se autocomunica, se deixa encontrar e o ser humano responde ao seu chamado. Não se trata de crer em algo, e sim crer em Alguém. Crer é também um ato eclesial, pois eu aceito um presente que me precede e me fio na autoridade de uma Palavra, cujo significado é o fundamento original da teologia, que não deve faltar nem mesmo na fé dos mais simples.

---

3 "L'importanza e attualità di queste prospettive, alle quali Ratzinger ha sempre e fortemente richiamato i teologi, ci mostrano l'unità e la reciproca compenetrazione di tali due radici: per cui, da un lato, la teologia deve preoccuparsi del dialogo con ogni uomo nella ragionevole ricerca della verità, mentre, dall'altro, deve tendere verso l'interiore del mondo della fede, cercando di penetrarne la sua propria logica e profondità" (Path, 2007, p. 4).

4 "La vera religione, pertanto, consiste proprio in questa capacità di coniugare insieme tutto l'uomo senza nulla togliere alla sua natura; la fede gli consente di abbandonarsi al mistero, la ragione gli permette di compiere questo atto in piena libertà e consapevolezza, la vita gli chiede di essere coerente andando sempre oltre il limite della contraddizione personale per avere fisso il fine e l'obiettivo" (Fisichella, citato por Path, 2007, p. 40).

6.2 Espiritualidade

A espiritualidade não é um adendo da teologia, mas uma dimensão inerente, que, paradoxalmente, sem causar prejuízo à sua cientificidade, é o que vigora a sua reflexão. Boff (2015, p. 115) destaca que a relação entre teologia e espiritualidade não é algo circunstancial, "é, antes e mais precisamente, uma exigência intrínseca da própria teologia. Ela é posta, e mesmo imposta, por seu objeto próprio: o Deus revelado". Sem dúvida, uma característica marcante do teólogo cristão é a espiritualidade. A própria evangelização deriva da irradiação da vida interior. Não reduzamos essa afirmação a estereótipos, pois podem nos distanciar do seu verdadeiro significado. Segundo Zilles (2004, p. 108), "a espiritualidade cristã enraíza-se no acontecimento da revelação de Deus e da concretização histórica da revelação em Jesus Cristo".

Sinteticamente, a espiritualidade cristã significa viver segundo o Espírito de Cristo. Ela é o modo de encarnar o Evangelho e, por isso, atravessa a vida como um todo, não apenas o número de orações realizadas ao longo do dia, da semana, do mês. É intensidade de uma vida integrada em Cristo, e não a contabilidade mesquinha de orações e atos isolados. Obviamente que um homem e uma mulher espiritual terão sede e vida de oração. De fato, o ser humano necessita da graça como uma demanda existencial, e por esse motivo é um ser de invocação, de súplica, de oração.

Em Jesus, Deus se fez história, revelando-se nela, entrando no concreto dela, assumindo seus processos e conflitos. No mistério da encarnação, toda a dicotomia foi banida, pois em Jesus não havia distância entre o que se falava e o que se fazia, entre o ser e o fazer, entre a oração e o trabalho. Tudo nele se integra, e a espiritualidade marca um modo de ser e de se posicionar no mundo, marca a nossa relação com Deus, com o outro, com o cosmos e conosco mesmos.

Conforme explicita Zilles (2004, p. 198-199, grifo do original):

> Podemos resumir, dizendo que a espiritualidade cristã tem algumas características essenciais:
> a. É **teocêntrica**. Não se trata apenas de uma satisfação subjetiva, nem somente da salvação da alma, mas da entrega a Deus, a seu amor.
> b. É **cristocêntrica**. Em Cristo, como cabeça, toda a criação está unida ao Pai. Através Dele recebe salvação e bênção.
> c. É **eclesial**. A Igreja é o lugar no qual o Senhor reúne os que se confiam a Ele na fé, no amor e na esperança para a adoração.
> d. É **sacramental**. Os sacramentos são maneiras pelas quais o Senhor glorifica o Pai na sua Igreja e conduz os homens à salvação.
> e. É **pessoal**. Os sacramentos agem pela sua realização, mas só frutificam na medida em que recebidos com fé e amor e levados à eficiência ética.
> f. É **comunitária**. Por mais que se acentue o aspecto pessoal, o cristão ativa sua espiritualidade na comunidade.
> g. É **escatológica**. A espiritualidade cristã é marcada pela esperança. Esta mantém o cristão vigilante e o prepara para a parusia ou vinda gloriosa de Cristo no fim dos tempos.

Para Boff (2015, p. 113), a natureza mesma do objeto teológico – o Deus revelado em Jesus Cristo – exige do teólogo uma relação vivamente afetiva a fim de ser adequadamente intelectiva. Historicamente, a dimensão espiritual nunca faltou à grande teologia, mesmo com o racionalismo da modernidade. A sobreposição da razão discursiva à inteligência intuitiva e à fé experiencial tem sido superada na contemporaneidade (Boff, 2015, p. 113).

Assim como Hugo de São Vitor (2007) afirma, o cultivo do intelecto, de modo mais eloquente na teologia, implica desenvolver a capacidade de guardar e meditar sobre o conteúdo estudado.

> A memória recolhe e guarda tudo o que o engenho busca e encontra. É importante que as coisas que divisamos quando aprendemos sejam entregues à memória. Entregar à memória é resumir em uma breve suma tudo aquilo que foi lido e meditado de forma mais ampla; aquilo que os antigos chamavam de epílogo, ou seja, uma recapitulação sucinta do que foi dito. Apraz-se a memória humana com a brevidade, e quando é dividida em muitas partes, ela se torna menor em cada uma delas. É por isso que devemos, em todos os estudos, entregar à memória de forma breve tudo aquilo que for certo; devemos guardar na arca da memória para que, se necessário, possamos dali retirar. Também é necessário revirar as coisas que estão na memória com frequência e chamá-las à consciência para que não fiquem obsoletas pela longa espera. (São Vitor, 2007, p. 13)

> A fé não é uma garantia econômica nem uma pílula que resolve os nossos problemas instantaneamente. A verdadeira espiritualidade é comprometedora e não alienante, abraça as circunstâncias como meios de nos encontrarmos com Deus e sermos encontrados por Ele.

É importante que saibamos superar uma teologia fria e racionalista, desprovida de vigor espiritual, que diz nada à existência. Nesse sentido, Boff (2015, p. 114) cita a expressão sarcástica de Cioran a respeito do teólogo que se tornou "um indivíduo que deixou de rezar para estudar Deus. De fato, como pode o teólogo fazer um discurso frio, indiferente, quando trata daquilo que é o *sacrum supremum*, portanto, o maximamente *tremendum et fascinans*? [...] Impossível falar da paixão de Deus desapaixonadamente. O Absoluto comove absolutamente" (Boff, 2015, p. 117-118).

O desafio constante é permanecer na busca de viver uma espiritualidade cristã autêntica. Atualmente, podemos viver uma espiritualidade de fachada, de aparência, que apresenta um cristianismo sem cruz e promete eliminar todo sofrimento e enfermidade daquele que tem fé. Ora, a fé não é uma garantia econômica nem uma pílula que resolve os nossos problemas instantaneamente. A verdadeira espiritualidade é comprometedora e não alienante, abraça as circunstâncias como meios de nos encontrarmos com Deus e sermos encontrados por Ele.

6.3 Intelectualidade

Uma das características destacadas no perfil de um bom teólogo é a intelectualidade. Uma capacidade aguda de penetrar os conteúdos para além de um olhar raso, que não se acomoda na borda, mas vai mar adentro na reflexão. Por isso, vejamos algumas questões etimológicas em relação ao tema para compreendermos melhor esse atributo necessário para a tarefa teológica.

"O vocábulo inteligência significa, propriamente, o ato mesmo do intelecto, que é inteligir" (Tomás de Aquino, 2016a, p. 537). A intelecção é a conjugação das palavras, no latim, *intus*, *legere* e *actionem*, que significam "ler dentro da ação, compreender dentro". O termo latino *intellectus* (*intus* + *legere*) vem de *intelligere*, que significa "ler", "entender", "compreender desde dentro".

São Tomás de Aquino (2016a, p. 534) afirma que "inteligir é apreender, pura e simplesmente a verdade inteligível; ao passo que raciocinar é proceder de uma para outra intelecção, para conhecer a verdade inteligível". Assim, *inteligir* é a capacidade de ler dentro, ou seja, de uma leitura aguda, profunda e não superficial das coisas. Para tanto, como bem afirma Jean Guitton (2018, p. 38), é necessário educar a atenção, com exercícios que mobilizem a nossa concentração para o objeto de estudo. O teólogo deve desenvolver essa habilidade sob o olhar luminoso da fé.

> O olhar não produz a luz, somente a acolhe. Da mesma forma, o ato mais perfeito da inteligência é um ato de atenção pura. Mas a visão é a alegria do olhar; quando olhar vê, perde sua independência, e parece abolir-se: é que se tornou algo uno com seu objeto. Tal como o olho, o espírito tem sua pupila, que deve deixar a luz

> penetrar e que se torna mais estreita à medida que a luz é mais viva. Tão logo a passagem lhe é dada, a luz se infiltra em toda a parte, como a água. Mas nosso amor próprio lhe opõe sem cessar novas telas. O papel da atenção é retirar a tela. E de imediato, pela abertura, a luz se inunda. (Lavelle, 2014, p. 31)

O modo de acolher e deixar penetrar essa luz intelectiva a respeito das coisas se caracteriza de maneira singular em cada pessoa. Há diversas formas de inteligência: especulativa, prática, abstrata, intuitiva, analítica, dedutiva, sintética, sagaz, perversa, artística, icônica, emocional etc. Nesse sentido, um teólogo pode desempenhar abordagens intelectivas diferentes de outro teólogo, sendo que cada um possui uma personalidade intelectiva própria, que irá se expressar no modo de refletir o conteúdo da fé.

A intelectualidade no mundo contemporâneo exige criticidade e abertura, a fim de que seja madura e dialógica. Para Sertillanges (2010), o trabalho intelectual equivale a uma vocação, cujo empenho despensa a superficialidade. "Uma vocação não se satisfaz com leituras vagas nem com pequenos trabalhos dispersos. Requer penetração, continuidade e esforço metódico, no intuito duma plenitude que responda ao apelo do Espírito e aos recursos que lhe aprouve comunicar-nos" (Sertillanges, 2010, p. 3).

O cultivo do intelecto exige esforço da mente. Hugo de São Vitor (2007, p. 9), em sua obra sobre o modo de aprender e de estudar, destaca dois pontos importantes a desenvolver: o engenho e a memória, apresentando a correlação entre eles:

> O engenho é uma força naturalmente presente na alma que vale por si só. A memória é a percepção mais firme, por parte da alma ou da mente, das coisas, das palavras, das frases e dos significados. O que o engenho descobre, a memória guarda. O engenho vem da natureza, é auxiliado pela prática, é estafado pelo trabalho sem moderação e aprimorado pelo exercício com moderação. O exercício de memorizar e de meditar continuamente é o melhor auxílio e o que dá mais segurança à memória.

Devemos compreender que a intelectualidade é um atributo que invoca profundidade na tarefa teológica. Trata-se de uma característica que nos salva da superficialidade, da mediocridade e exige adentrar o conhecimento com atenção devida. Para tanto, dentro desse tema, destacamos quatro elementos que compõem os principais aspectos da intelectualidade.

6.3.1 Leitura e conhecimento

A leitura é uma das formas mais democráticas de acesso ao conhecimento. Na arte da literacia[5], aprendemos, primeiro, a ler para, depois, aprendermos pela leitura. Ela permite expandir o nosso vocabulário, aprimorar o nosso repertório cultural, desenvolver o nosso imaginário, apresentar ideias novas, revigorar ideias antigas e abrir horizontes. Hugo de São Vitor (2007, p. 9, 11) apresenta a leitura e a meditação como ferramentas que aprimoram o nosso intelecto:

> Mediante as regras e os preceitos da leitura, somos educados pelas coisas escritas. [...] Meditar é pensar frequentemente nas ideias e investigar com prudência as causas e as origens, o modo e a utilidade de cada uma das coisas. O princípio da meditação é a leitura. Mas a meditação não é realizada pelas regras ou preceitos da leitura.

Um bom teólogo é, de fato, um bom leitor. Isso não significa excesso de informações porque, se elas estão desconectadas, não se elabora um pensamento organizado, que distingue e une, analisa e sintetiza. Nesse sentido, tomamos a percepção de Edgar Morin (2003, p. 24) ao defender que uma cabeça bem-feita, diferente de uma cabeça cheia, é hábil para organizar os conhecimentos, evitando sua acumulação estéril.

---

5 *Literacia* é a qualidade de letramento quanto à capacidade de ler, escrever, compreender e interpretar o que é lido.

Libanio, em sua obra *Introdução à vida intelectual* (2006), fala sobre a importância de ler com qualidade. Não adianta ler quantitativamente se não puder qualificar essa leitura, ou seja, dar tempo para absorver o conhecimento e fazer dele uma produção positiva para a sua vida e a dos demais. Dentre tantas opções disponíveis, é preciso saber escolher o que ler. Sertillanges (2010, p. 117), em sua obra clássica *A vida intelectual*, remete à importância de se ler pouco, com mais "inteligência", indo aos livros como a sábia dona de casa que vai à praça em vista da boa administração do lar. Ela não vai distraidamente com o mesmo intuito com que vai à noite ao cinema. Assim deve ser com uma leitura de pesquisa e de aprofundamento: como a dona de casa que vai à praça em vista de governar e administrar bem a casa.

É preciso aprender a garimpar tesouros em obras brutas, como São Tomás, que tinha a habilidade de extrair dos filósofos antigos aprendizados que excediam ao que estes mesmos disseram. Outro aspecto destacado por Libanio (2006, p. 43, grifos do original) é o acesso aos clássicos da literatura e do conhecimento em geral, principalmente da teologia:

> A cultura da pós-modernidade tem valorizado demasiadamente o presente, a ponto de descuidar o encontro com os clássicos. **Eles recolocam a permanente tensão de uma cultura e a atualidade**. A tentação dos pedagogos, dos estudantes e de certos intelectuais é aterem-se tão somente ao último grito, ao último livro vendido e comentado, às chamadas *atualidades*. Elas põem o presente e a atualidade como critério do válido, da verdade. Esquecem-se as propriedades da universalidade e da intemporalidade da verdade. Cultivam-se assim muito mais a emoção, o sensacionalismo, a temporalidade breve do presente. As atualidades descuram da lição dos clássicos. Eles nos ensinam a pensar pela grandiosidade dos problemas que abordam. Arrancam-nos da pura temporalidade e nos projetam para um arco mais amplo de história.

Nessa perspectiva, o teólogo precisa estar atento para, em meio às novidades e especificidades das áreas teológicas, não perder a visão integral e fundamental da teologia. Atrelado a isso está o senso de responsabilidade e de solidariedade na tarefa teológica.

6.3.2 Senso crítico e diálogo

Ao desenvolvemos o hábito da leitura, desenvolvemos e apuramos também o nosso senso crítico, que deve colocar-se ao serviço da caridade, a fim de que essa seja mais lúcida (Libanio, 2006, p. 93). A *ratio* é uma instância crítica que purifica o senso da fé, de uma fé alienante.

Isso quer dizer que passamos a analisar de forma mais racional e inteligente os fatos que acontecem ao nosso redor, sem nos deixar levar simplesmente pela opinião alheia, sem formular opiniões, conceitos e dar sugestões por conta própria. O senso crítico não deve ser confundido com a postura cítrica e espinhosa de quem parece estar em atitude de combate o tempo todo. Segundo Sertillanges (2010), essa é uma atitude limitante e prejudicial na busca da verdade e da inteligência.

> Quem, no convívio dos autores, quiser adquirir, não aptidões de combate, mas verdade e penetração, deve dar mostras de espírito de acomodação e de diligente recolha, exatamente como a abelha. O mel faz-se com muitas flores. O processo de exclusão, de eliminação sumária e de escolha limitada prejudica enormemente a formação e denota, no espirito que o revela, tara de funesto agouro. [...] A inteligência assim constituída à inteligência apoucada; em vez de tudo encarar à luz do universal, cai na mania do corrilho e da mexeriquice. Não há mexeriqueiros só na soleira das portas: há os na história da filosofia, das ciências, até da teologia, e muitos os imitam. Ora bem! Subi mais alto. (Sertillanges, 2010, p. 131)

Assim, a intelectualidade no mundo contemporâneo exige capacidade maturada de diálogo. Há quem veja essa abertura ao diálogo como uma espécie de "fraqueza intelectual e/ou de convicções", o que é exatamente o contrário. Capacidade dialógica pressupõe clareza da própria identidade, pois o encontro com o diferente não diminui a verdade que acredito, mas ensina a acolher o outro em sua diferença e a posicionar-se, ora externa, ora interiormente, clarificando o que distingue e o que une.

Do mesmo modo, quando não há essa clareza da identidade de fé, reage-se de duas formas. A primeira delas é uma atitude fragilmente confusa em que, para acolher o diferente, nega-se a si mesmo, ou aquilo que se crê, pelo fato de não ter clareza disso, abraçando, assim, tudo como igual, sem distinção alguma. A segunda forma de reagir é a atitude de resistência com enfrentamentos descabidos diante do outro, que é diferente e, por essa razão, reconhecido como uma ameaça, na tentativa desesperada de eliminá-lo, ou ainda condená-lo, reduzindo-o a um erro.

> a teologia dialogal se engaja, com humildade, no duplo movimento, teórico e prático, de interlocução da Igreja com o mundo, especialmente homens e mulheres de outras concepções religiosas. Atenta ao novo que surge, solidariza-se com ele, exercitando a atitude espiritual do discernimento. Passa a ser teologia testemunhal, boa nova que convida e promete. (Libanio; Murad, 2003, p. 241)

> Capacidade dialógica pressupõe clareza da própria identidade, pois o encontro com o diferente não diminui a verdade que acredito, mas ensina a acolher o outro em sua diferença e a posicionar-se, ora externa, ora interiormente, clarificando o que distingue e o que une.

O diálogo com a ciência, com a sociedade como um todo, pressupõe pontos de vista diferentes, dadas as especificidades que, muitas vezes, abordam o mesmo tema de maneiras distintas. Em outras palavras, podemos dizer que essa postura dialógica se trata de um dos elementos necessários para o estudo e a pesquisa: a honestidade intelectual. Segundo Libanio (2006, p. 70), "a honestidade manifesta-se numa atitude de abertura diante do outro, com a disposição mais de salvar que de condenar, mais de descobrir a verdade que o erro, mais de entender que de rejeitar".

6.4 Eclesialidade

Falar de *eclesialidade* sugere uma integração do teólogo cristão à comunidade eclesial. De fato, a teologia é um trabalho corporativo, o qual o teólogo não desempenha isoladamente. Romano Guardini (citado por Mondin, 1979, p. 85), em sua reflexão eclesiológica, afirma que a Igreja não é a soma dos indivíduos, mas um movimento que deles procede. Uma verdadeira coletividade é algo mais que um simples agrupamento, mas consiste numa vasta estrutura vivente, da qual cada indivíduo é membro (Mondin, 1979, p. 85).

O teólogo obtém intuições acerca da Palavra de Deus e de sua doutrina na Igreja, que é o lugar e o ponto de referência para suas indagações e interpretações. Nessa perspectiva, a Comissão Teológica Internacional (CTI, 2015, n. 66) refletiu sobre o *sensus fidei fidelium* na vida da Igreja:

> Uma vez que a fé de cada fiel participa na fé da Igreja como sujeito que crê, o *sensos fidei* (*fidelis*) do fiel não pode estar separado do *sensus fidei* (*fidelium*) ou *sensus Ecclesiae* da própria Igreja, que recebeu como dom o Espírito Santo e a sua assistência, o *consensus fidelium* constitui um critério seguro para reconhecer se um ensinamento determinado ou uma prática determinada está de acordo com a Tradição apostólica.

O mistério da Igreja se expressa na consciência comunitária de ser chamada no vigor do Espírito como sinal da salvação oferecida a todos os povos (Häring, citado por Eicher, 2005, p. 380).

> Portanto, já não existe para o cristão nenhuma abertura somente abstrata para o agir de Deus, mas a possibilidade de descobrir a força do Espírito Santo numa comunidade de fé, de aceitar, portanto, este grêmio social como Igreja (e, sendo assim, como o quadro social de referência de sua práxis de vida). (Häring, citado por Eicher, 2005, p. 379)

Por essa razão, a teologia se empobrece quando foca negativamente o seu olhar contra a comunidade, desdenhando das manifestações populares dos crentes. Não se trata de o teólogo "dogmatizar" toda prática popular sem critério algum, pois seria "lavar as mãos" de sua tarefa teológico-profética. Mas o teólogo que serve à comunidade de fé terá de saber levar em conta as dimensões locais, regionais e universais desta, reconhecendo as tradições e o *sensus fidei* da Igreja, que constitui o contexto imediato do seu trabalho. Deve saber ler as fontes cristãs a partir do ambiente cultural, a fim de que a mensagem possa ser anunciada de forma adequada.

Inserido na realidade eclesial, é importante que o teólogo considere os posicionamentos oficiais da Igreja, em níveis pastorais e teológicos, em relação aos temas refletidos e leve em conta algumas "regras hermenêuticas" particulares, como aponta Boff (2014, p. 82):

- o contexto histórico cultural e polêmico do tempo;
- o núcleo intencionado, distinto dos elementos marginais;
- a intencionalidade espiritual, pastoral e ecumênica;
- o lugar na "hierarquia de verdades" e sua qualificação teológica.

Concluindo, Rahner (1989) constata a ligação cristológica e eclesiológica, afirmando que a dimensão eclesial torna Cristo presente historicamente na comunidade de fé.

> Se no fundo, Deus, não é realidade setorial ao lado de outras possibilidades, mas antes a origem e o fim do homem íntegro e uno, todo o homem – inclusive sua intercomunicação e sociabilidade – refere-se a este Deus. Com base na natureza do homem, na natureza

de Deus e na natureza da relação do homem para com este Deus corretamente entendido, não é possível excluir a sociabilidade da natureza da religião. (Rahner, 1989, p. 401)

De fato, toda a Igreja com seus batizados é a mediadora histórica da presença de Jesus Cristo e de seu Evangelho. Nesse sentido, há um enriquecimento mútuo entre o teólogo e a comunidade de fé, feito de exigências salutares para ambos. E essa salutar e respeitosa tensão garante a vitalidade da teologia cristã, que não subsiste isolada da comunidade eclesial.

6.5 Coerência de vida como tensão constante

Há um elemento que caracteriza profundamente o perfil de um teólogo cristão: a coerência de vida. A teologia é uma ciência paradoxal entre as outras ciências, visto que há nela uma tensão dialética, em que o saber e o viver são uma busca permanente. Sem dúvida, trata-se de uma busca constante e tensionada para integrar a teoria e a prática, os ensinamentos, os textos, as reflexões e a própria vida. Essa tensão é, de fato, um desafio constante, como podemos ver nos passos a seguir.

O primeiro passo é a **percepção** do teólogo, na escuta atenta aos testemunhos que vêm das fontes e do ensinamento formulado pela fé da Igreja. O objetivo é se apropriar do significado expresso por outro e comunicá-lo, significativamente, aos contemporâneos. O segundo passo cabe ao teólogo **explicar** coerentemente: dar uma visão compreensiva do significado descoberto nas fontes. Trata-se de um frequente esforço de colocar juntos os testemunhos de fé em um todo sistemático.

A teologia está sempre atenta à sua coerência lógica e científica, mas o campo da experiência pessoal exerce influência decisiva sobre o teólogo. Todas as experiências significativas vividas exigem avaliação e interpretação, tendo assim afinidade com o trabalho do teólogo. Elas podem ser reveladoras do Mistério, que influi nos valores vitais da pessoa. A teologia utiliza-se também das experiências expressas nas palavras e nos escritos de outros, como no caso dos testemunhos de vida interior e fé dos santos. Uma teologia sólida não se aparta da espiritualidade cristã, ao contrário, serve-se dela como fonte apreciada.

A vida de fé, o culto litúrgico e o serviço do teólogo devem ser considerados como lugares em que a teologia cristã se revela. Ao analisar os Padres da Igreja e os teólogos clássicos da escolástica, constatamos o quanto a dimensão vivencial, sapiencial, e a dimensão científica, especulativa, intercambiavam em seus testemunhos de vida. Ora, a teologia procura ajudar as pessoas a conhecer o Evangelho de Cristo de modo mais cuidadoso e a viver uma vida de maior coerência com essa mensagem. Isso exige um rigor de vida correspondente. Diferente da rigidez, que é morta, dura, inadaptável, o rigor confere aquilo que é vivo, forte, adaptável, porque sempre atual. Para tanto, o êxito neste caminho é a humildade.

> O princípio do aprendizado é a humildade, e muita coisa tem sido escrita sobre ela. Há três coisas endereçadas ao estudante. Primeira: não tenhas como vil nenhuma ciência e nada que tenha sido escrito; segunda: não te envergonhes de aprender com qualquer pessoa; terceira: quando possuíres ciência, não desprezes quem não a tem. Há muitos que erram por precocemente quererem parecer sábios e por isto têm vergonha de aprender o que não sabem com os outros. Tu, meu filho, aprende com boa vontade de todos tudo aquilo que não sabes. Serás assim o mais sábio de todos, se buscares aprender de todos. [...] O bom leitor deve ser humilde e manso, de todo alheio às preocupações mundanas e às tentações do prazer, e dedicado a aprender de todos com boa vontade. Não tenhas tua ciência em alta conta; não queiras parecer erudito, mas sê erudito de fato. Conhece as sentenças dos sábios, e procura ter sempre os seus exemplos diante dos olhos da mente, como em um espelho.
> (Hugo de São Vitor, p. 5)

Há um risco que corremos na fé cristã que é vivê-la de fachada, em uma dissociação que faz a vida andar em vias paralelas que se desencontram. A fé cristã autêntica procura integrar a vida como um todo em suas várias dimensões. O Papa Francisco (2018) alerta que "uma educação reduzida a uma mera instrução técnica ou a mera informação torna-se uma alienação da educação". Nessa perspectiva, ele tem insistido em falar sobre as três linguagens do amor concreto: a linguagem da cabeça, a linguagem do coração e a linguagem das mãos. Segundo o pontífice, deve haver harmonia entre as três, de tal forma que pensemos o que sentimos e o que fazemos, sintamos o que pensamos e o que fazemos e façamos o que sentimos e o que pensamos. Se ficarmos somente no ideal ou virtual, viveremos numa cabeça sem corpo (Francisco, 2015).

A busca de uma coerência de vida em relação à reflexão teológica está ligada ao nível da consciência. Esta é, muitas vezes, distinta como consciência social, individual, moral e psicológica. Mas, para nossa abordagem, tomamos a concepção bíblica, que compreende a consciência como a própria pessoa. Primeiramente, o ato social não constitui um ato de "abandono de si". A consciência psicológica e a consciência moral formam na pessoa um todo, assim como a consciência de si e a consciência do mundo constituem uma totalidade.

> A consciência é uma pequena chama invisível e que tremeluz. Pensamos com frequência que seu papel é iluminar-nos, mas que nosso próprio ser está em outro lugar. No entanto, é essa claridade o que somos. Quando ela decresce é nossa existência que cede; quando se apaga, é nossa existência que cessa. [...] À medida que a consciência cresce, torna-se mais acolhedora; o mundo inteiro lhe é revelado; ela se comunica com ele e se enche de alegria ao encontrar à sua volta tantas mãos que se estendem. (Lavelle, 2014, p. 20-21)

O Concílio Vaticano II, na Constituição Pastoral *Gaudium et Spes* (Paulo VI, 1965b, n. 16), reflete sobre a consciência no capítulo dedicado à dignidade da pessoa humana, destacando-a como agente para uma compreensão harmônica, integral, do projeto pessoal dentro do desígnio salvífico de Deus, chamando-nos a fazer o bem e a evitar o mal na relação com o Criador e com o próximo.

Nesse sentido, vimos que a coerência de vida é exigência de uma consciência teologicamente bem formada. Sendo a consciência o sacrário íntimo do ser humano, devemos ter em conta que há julgamentos baseados apenas em posturas exteriorizadas. Obviamente que podemos nos equivocar, mas o ser move o agir, e essa ação se torna espelho de quem nós somos. Todavia, há um foro interno ao qual não temos acesso e que só Deus sonda e conhece profundamente. Isso deve ser considerado em nosso julgamento sobre o outro. Mas, ao falarmos de coerência de vida como tensão constante, estamos chamando a atenção sobre nós mesmos. E é sob essa ótica que propusemos a reflexão.

Síntese

Vimos, neste capítulo, as principais características que compõem o perfil de um teólogo cristão de elevada envergadura. Para uma produção teológica profícua, é fundamental que o teólogo busque viver profeticamente com coerência o conteúdo refletido. Destacamos, como primeira característica, as dimensões da fé objetiva (*fides quae*) e subjetiva (*fides qua*). Cada uma é um modo distinto de experimentar a fé. A primeira remete ao caráter mais dedutivo, objetivo e eclesial da fé. A segunda remete ao caráter mais indutivo, subjetivo e pessoal da fé. Ambas são reciprocamente necessárias.

A segunda característica é a espiritualidade como dimensão inerente da teologia, pois refere-se a uma vida segundo o Espírito de Cristo. Ela enraíza-se na revelação de Deus, concretizada historicamente em Jesus Cristo. Paradoxalmente, não causa prejuízo à sua cientificidade, mas a vigora. Também na perspectiva pastoral, vimos que a evangelização deriva da irradiação da vida interior.

A terceira característica é a intelectualidade, como capacidade aguda de penetrar os conteúdos, avançando mar adentro na reflexão. Dentro desse atributo, destacamos alguns hábitos necessários para o desempenho dessa habilidade: leitura e conhecimento, assim como senso crítico e capacidade dialógica. Quanto aos dois primeiros hábitos, chamamos a atenção para não somente ler e acumular conhecimento, mas saber o que e como ler, a fim de distinguir e unir, analisar e sintetizar, organizando os conhecimentos e evitando sua acumulação estéril. Quanto aos dois últimos hábitos, destacamos que o senso crítico deve colocar-se ao serviço da caridade, a fim de que esta se exerça de maneira mais lúcida. A abertura dialógica corresponde à honestidade intelectual, que reconhece o próprio limite e as riquezas que podemos descobrir no encontro com outras ciências, outras áreas do conhecimento, autores clássicos que permanecem tendo o que dizer e novos que podem trazer a novidade do Espírito.

A quarta característica é a eclesialidade decorrente do reconhecimento de que a teologia não é um trabalho isolado e solitário, mas corporativo e coletivo. Essa compreensão é mais do que um simples agrupamento, pois a Igreja consiste numa ampla estrutura vital, da qual cada indivíduo é membro. Essa consciência fraterna brota também do fato de sermos filhos do mesmo Pai e irmãos em Cristo Jesus. Nessa perspectiva, vimos que o *consensus fidelium* constitui um critério seguro para o reconhecimento de um ensinamento ou de uma prática.

A quinta característica é a coerência de vida. A teologia tem uma tensão dialética permanente entre o saber e o viver. A coerência é uma busca constante e tensionada para integrar a teoria e a prática do discurso teológico. Concluímos que ela decorre de uma consciência bem formada e madura. E, ainda, por não podermos acessar a consciência dos outros, que é o sacrário íntimo de cada pessoa, a coerência de vida é uma exigência sobre nós mesmos.

Atividades de autoavaliação

1. Leia atentamente as afirmações a seguir e assinale a alternativa correta:
    a) O perfil do teólogo cristão é composto por características comuns a todos os outros cientistas.
    b) Para uma produção teológica profícua, exige-se que o teólogo apenas estude intelectualmente, sem necessidade de uma coerência com o conteúdo refletido.
    c) A teologia cristã exerce sua tarefa reflexiva na atitude dinâmica de um sujeito que se entrega à fé que elabora e que sabe não se lançar num vazio objetivo, mas que acolhe a Palavra dada anteriormente e transmitida na Tradição viva da Igreja.
    d) O teólogo, em última análise, é o próprio Deus, devendo ser autorreferência para os outros. Por essa razão, não há tensão alguma, pois deve, em sua teologia, apresentar um Deus à sua imagem e semelhança.
    e) Todas as alternativas anteriores estão corretas.

2. Analise as afirmativas a seguir e assinale (V) para as verdadeiras e (F) para as falsas.
    ( ) Para um teólogo cristão, o princípio básico para a desenvoltura da tarefa teológica consiste na fé, tanto objetiva quanto subjetiva.
    ( ) Do ponto de vista subjetivo, a *fides qua* é a fé como atitude interior e resposta livre e obediente à revelação divina.
    ( ) A fé é um pressuposto dispensável do fazer teológico.
    ( ) Do ponto de vista objetivo, os artigos de fé, ou o *fides quae*, constituem os dados revelados, ou seja, o depósito da fé, que são a matéria-prima da teologia cristã.

( ) A teologia deve preocupar-se em apresentar o conteúdo da fé, sem atentar-se para a forma ou a atualização de linguagem, pois a verdade deve ser proclamada a todas as pessoas e aceita, nem que seja a ferro e fogo.

Assinale a alternativa que apresenta a sequência correta:
a) F, V, F, V, F.
b) F, F, V, V, V.
c) V, V, V, F, F.
d) V, V, F, V, F.
e) V, F, F, F, V.

3. Analise as afirmativas a seguir a respeito da espiritualidade e assinale a alternativa correta:
   a) O mistério da encarnação de Jesus Cristo nos ensina que a espiritualidade diz respeito às coisas do céu, e não da terra.
   b) A espiritualidade cristã é contabilizada pelo número de orações ao longo da vida, como os terços, as novenas, as missas, os retiros.
   c) A espiritualidade marca um modo de ser e de se posicionar no mundo, marca a nossa relação com Deus, com o outro, com o cosmos e conosco.
   d) Historicamente, a dimensão espiritual nunca foi importante na grande teologia, principalmente depois, com o racionalismo moderno, em que essas coisas nada acrescentam à ciência.
   e) Nenhuma das alternativas anteriores está correta.

4. Sobre a relação do teólogo com a intelectualidade, é correto afirmar:
   I. A intelectualidade é uma capacidade de ser esperto, enrolando o leitor ou o espectador, falando bonito, mas sem fundamentação no conteúdo. O bom mesmo é quando se consegue fazer chorar, arrancando emoções do público.

II. A intelectualidade é um atributo que invoca profundidade na tarefa teológica.
III. A intelectualidade no mundo contemporâneo exige criticidade e abertura, a fim de que seja madura e dialógica.
IV. A intelectualidade é a característica de um sujeito sisudo e autossuficiente, que não suporta pessoas ignorantes ao seu lado.
V. A intelectualidade é uma característica que nos salva da superficialidade, da mediocridade e exige adentrar o conhecimento com atenção devida.

Assinale a alternativa que apresenta a resposta correta:
a) As afirmativas II, III e V são verdadeiras.
b) As afirmativas II e III são verdadeiras.
c) As afirmativas I, III e IV são verdadeiras.
d) As afirmativas I e IV são verdadeiras.
e) Todas as afirmativas anteriores são verdadeiras.

5. Analise as afirmativas a seguir e assinale a alternativa correta:
a) A honestidade intelectual é o reconhecimento de que a construção do nosso saber se dá com base na matéria-prima oferecida por outros saberes, outras pesquisas, outros pensadores, outras referências.
b) A leitura é uma das formas mais democráticas de acesso ao conhecimento.
c) É preciso aprender a garimpar tesouros em obras brutas, como São Tomás, que tinha a habilidade de extrair dos filósofos antigos aprendizados que excediam ao que estes mesmos disseram.
d) O teólogo precisa estar atento para, em meio às novidades e especificidades das áreas teológicas, não perder a visão integral e fundamental da teologia.
e) Todas as alternativas anteriores estão corretas.

Atividades de aprendizagem

Questões para reflexão

1. Como aprofundamento deste capítulo, leia o trecho do artigo "Conselhos a um jovem teólogo", de Clodovis Boff (1999, p. 79-80, grifo do original):

   > 1º Conselho: *Antes de falar de Deus, ponha-se de joelhos e fale com Deus*. Essa é a precondição de base para qualquer boa teologia. Poderia também formulá-la assim: Não se atreva a fazer teologia sem antes ter feito a "experiência de Deus". A teologia, antes de ser teologia racional, é "teologia genuflexa", é "teologia devota" (cf. pp. 129-156). Saiba, querido jovem, que o sentido mais primitivo de "teologia", entre os povos helênicos (que nos legaram essa palavra), era literalmente: "palavra sobre Deus" (**=theo-loghia**). Referia-se a um "oráculo de Deus", a uma "mensagem sobre Deus" ou ainda a um "hino de glorificação a Deus". Portanto, a teologia tem, em sua raiz etimológica, o sentido de anúncio e de louvação (cf. pp. 548-9).
   >
   > A lição é clara: a teologia há de guardar a natureza de sua raiz: a fé. Ora, a fé cristã é uma relação de tu a Tu; uma relação que muda a pessoa. Ela é, antes de tudo, não um saber e nem mesmo um agir, mas exatamente um **novo modo de existir**: viver em Cristo, estar no amor de Deus, caminhar no Espírito. É, pois, a partir desse ser novo, dessa vida nova, desse coração novo, que se dá também um novo entendimento e em seguida uma nova prática. Assim, a razão teológica é uma razão convertida, iluminada e transfigurada pelo contato vivo com o Deus vivo (cf. p. 28-29).
   >
   > Analogamente às ciências, a teologia parte da **experiência**: a experiência de Deus pela fé e pelo amor. "Quem não crer não experimentará, e quem não tiver experimentado não compreenderá" – disse o grande Sto. Anselmo (cit. p. 130).

A teologia é um discurso "nativo", feito a partir de dentro da fé. O discurso teológico se processa todo, nas palavras de S. Paulo, "da fé para a fé" (Rm 1,17). Dizia um grande mestre espiritual do Oriente antigo, Diádoco de Foticéia: "Nada é mais indigente que o pensamento que reflete, fora de Deus, sobre as coisas de Deus" (cit. p. 137).

Como insistia o maior teólogo evangélico do nosso século, Karl Barth, o tema da teologia não é um "objeto" qualquer, um "isso" anônimo e nem mesmo um "ele" indireto. É um "tu" que nos fala e que nos interpela pessoalmente (cf. pp. 155-6). Seu tema é uma realidade pessoal, ou melhor ainda, uma realidade tri-pessoal.

Ouça, por fim, as palavras do maior teólogo franciscano da Idade Média, S. Boaventura, que, falando aos iniciantes da teologia, o Vaticano II recordou:

"Não creias que te baste a leitura sem a unção,

a especulação sem a devoção,

a investigação sem a admiração,

a atenção sem a alegria,

a atividade sem a piedade,

a ciência sem a caridade,

a inteligência sem a humildade,

estudo sem a graça divina,

a pesquisa sem a sabedoria que vem de Deus" (OT 16, n. 32, cit. p. 139).

Antes de ser ciência, a teologia é **sabedoria**, no sentido duplo: de saber das coisas últimas e de "saber saboroso" (cf. pp. 143-9). É por isso mesmo que Sta. Teresinha, sem ter feito teologia acadêmica, foi declarada "doutora da Igreja". Não teve o "amor da ciência", mas teve a "ciência do amor divino", nas palavras com que o Papa intitulou a Carta apostólica que a pôs no rol dos Doutores e Doutoras da Igreja. (Boff, 1999, p. 79-80).

Com base nesse trecho e no que você aprendeu neste capítulo, escreva uma síntese daquilo que você considerou mais relevante para a sua formação teológica.

2. Encerrando esta etapa do nosso estudo, leia e medite o seguinte fragmento da obra *Confissões*, de Santo Agostinho:

> Assim como só Tu existes plenamente, só Tu possuis o conhecimento absoluto: imutável, com efeito, és em teu ser, imutável em teu saber, imutável na tua vontade. Tua essência sabe e quer imutavelmente, tua ciência é e quer imutavelmente, tua vontade é e sabe imutavelmente. Não é justo a teus olhos que a luz imutável seja conhecida pelo ser mutável, que ela ilumina, como ela se conhece a si própria. Por isso, minha alma é, para Ti, como terra sem água, porque, assim como não pode iluminar a si mesma, não se pode saciar por seus próprios meios. Porque em Ti está a fonte da vida, e graças à tua luz é que veremos a luz. (Santo Agostinho, 2007, p. 150)

Sublinhe um trecho desse texto e o reescreva em seu caderno de anotações, com suas palavras, considerando tudo que você estudou ao longo desta etapa.

Atividade aplicada: prática

1. Em relação ao perfil do teólogo cristão estudado neste capítulo, faça um autoexame e avalie quais características (fé, espiritualidade, intelectualidade, eclesialidade, coerência de vida) são mais e quais são menos evidentes em você.

Considerações finais

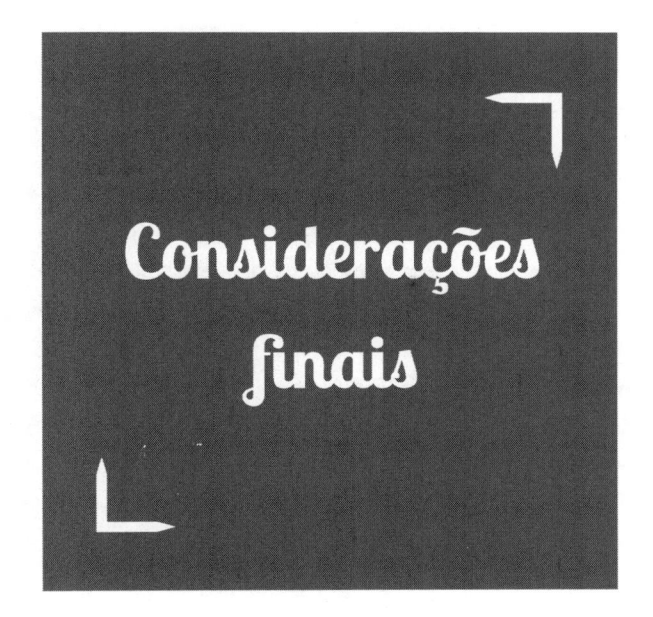

Sempre que faço o fechamento de uma obra, me vem à mente tudo o que foi percorrido para chegar até sua conclusão. A mente fez grandes maratonas cognitivas de pesquisa e reflexão que foram habilitando-me a escrever cada página. Por isso, em minhas considerações finais, faço uma recordação do percurso estudado em cada capítulo da obra, revisitando o panorama de cada tema estudado.

No primeiro capítulo, apresentamos os fundamentos da teologia, identificando de que maneira ela é uma ciência e como dialoga com outros saberes. Voltada para o mistério de Deus revelado em Jesus Cristo, a natureza da teologia cristã é, simbolicamente, sapiencial; rigorosamente, racional; e, profeticamente, prática. Seu objeto material é o próprio Deus e seu objeto formal é a Revelação, exigindo do sujeito o pressuposto da fé. Por sua cientificidade, como princípio epistemológico, a teologia cristã avança no diálogo com outros saberes, que se estimulam reciprocamente, mas sem perder de vista seus critérios de discernimento que pressupõem a dinâmica hermenêutica da fé. A pergunta que devemos fazer é se os aspectos sapiencial, racional e prático estão dinamicamente presentes na reflexão teológica atual.

No segundo capítulo, vimos o desenvolvimento da teologia situado em contextos históricos e culturais. Cada período histórico da teologia apresenta elementos positivos e ambíguos que devem ser analisados sem anacronismos, mas com uma visão madura da realidade instalada em cada tempo. Assim, abordamos a teologia-fonte, como o conteúdo produzido no primeiro século da Igreja, em torno do testemunho dos apóstolos e das primeiras comunidades cristãs, compilados nos escritos do Novo Testamento; e a teologia patrística, como o conteúdo produzido na Antiguidade pelos pais da Igreja, que deixaram um grande legado teológico por compor as primeiras reflexões da fé cristã em torno da liturgia, da catequese, dos costumes e dos embates às heresias da época.

A teologia escolástica, situada no período medieval, foi marcada pelo rigor científico da época, na dialética da especulação. Seu cenário foram as escolas monásticas e as escolas catedrais, que germinaram a criação das primeiras universidades na Europa. A teologia moderna foi elaborada em processo de significativas rupturas, como a do pensamento clássico medieval para o pensamento iluminista moderno e como a ruptura da Igreja Católica com a Reforma Protestante, bem como das posteriores reformas, revoluções e a própria secularização. Esse cenário hostil caracterizou a posição cristalizada da Igreja, que resistia ao diálogo com o mundo moderno. A teologia contemporânea situa a chegada da Igreja ao século XX, que passa a respirar novos ares pelos movimentos bíblico, litúrgico e histórico-patrístico. Disposta ao diálogo com o mundo moderno, a teologia busca, à luz da Revelação, comunicar a verdade de modo inteligível aos homens e mulheres contemporâneos. Devemos nos questionar se a teologia atual está sabendo manter, com lucidez, essa postura dialógica com o mundo.

No terceiro capítulo, abordamos as fontes da teologia, às quais devemos conhecer a fim de identificarmos de onde nasce o pensar e o fazer teológico. Sem dúvida, Deus é a fonte por excelência da teologia, mas as fontes mediadoras são, em primeiro lugar, a Sagrada Escritura, depois, a Tradição, a qual deriva da única fonte da Revelação divina. A terceira fonte apresentada é o magistério da Igreja, que se articula na relação entre *sensus fidei* e *sensus fidelium*. A quarta fonte apresentada traz a imagem figurativa dos lugares teológicos, indicando os espaços normativos onde Deus se revela. Por fim, a quinta fonte da teologia é a experiência de fé, não tanto no sentido empírico do termo, apontando para a experiência histórica que nos abre para o Mistério de Deus e de tudo que se relaciona a ele. Com relação às fontes da teologia, defendemos que é preciso analisar se estamos considerando-as de modo justo, integrado, ou se estamos absolutizando apenas uma ou outra fonte como referência única em nossas reflexões teológicas.

No quarto capítulo, vimos que a teologia é força vital do Mistério, que transcende uma compreensão meramente técnica dos conteúdos da fé. A teologia é força vital da sabedoria como um conhecimento que nos instala na realidade, levando-nos a ver, na mais contrastante situação, cada coisa e cada pessoa em um sentido mais profundo, ordenado para Deus. A teologia é força vital do compromisso social, uma vez que, no cristianismo, essa dimensão não está à margem do Evangelho, mas toca-o centralmente. A teologia é força vital dos valores e das virtudes humanas e cristãs porque se reflete nas atitudes correspondentes à fé. A teologia é força vital da santidade, pois, como Moisés, o teólogo se depara com a sarça ardente e, desse fogo, embora não o queime, também dele não escapa ileso, indiferente. Nesse sentido, não podemos separar a teologia da santidade. Vale questionar se nossa reflexão teológica expressa essa vitalidade, tanto em âmbito cognitivo quanto existencial.

No quinto capítulo, apresentamos um panorama das disciplinas teológicas situadas em suas grandes áreas. O destaque foi, além dessa identificação, perceber a importância de uma visão integral da teologia cristã, que precede o conhecimento específico de uma área ou de um tema. Por essa razão, refletimos sobre a salutar dinâmica entre unidade e pluralidade das disciplinas teológicas, cuja diversidade não deve destoar do seu fundamento na Palavra de Deus, que é o próprio Cristo revelado. Atualmente, há grande variedade de cursos de teologia disponíveis, tanto em modo presencial quanto a distância. Como critério importante, a análise de um bom curso de teologia deve levar em conta a presença ou a ausência dos grandes eixos temáticos na grade curricular.

No sexto capítulo, as cinco principais características do perfil de um teólogo cristão foram o tema desenvolvido: a primeira, a fé objetiva (*fides quae*) e a fé subjetiva (*fides qua*) como modos distintos de vivê-la, mas mutuamente necessárias; a segunda, a espiritualidade como vivência da fé segundo o Espírito de Cristo; a terceira característica, a intelectualidade como competência aguda para aprofundar-se nos conteúdos refletidos, habilidade que se constrói pelo hábito da leitura e pelo conhecimento, pelo senso crítico e pela capacidade dialógica; a quarta característica, a eclesialidade como reconhecimento de que a reflexão teológica é tributária da consciência eclesial, fraterna, e não de um pensamento isolado e destituído de comunidade; e a quinta característica, a coerência de vida como salutar tensão dialética entre o saber e o viver. Nesse ponto, chegamos à compreensão da necessária maturidade que o fazer teológico exige de nós.

A sensação de chegar até aqui é de quem percorreu o arco-íris atrás do pote de ouro[1] e, chegando lá, descobre que não é o fim. O pote encontrado deve ser aberto para apreciar o ouro e identificar sua preciosidade. Ninguém faz isso rapidamente. É um desmembramento que

---

1 Lenda mitológica irlandesa.

se prolonga diante de tamanha riqueza descoberta. Ao longo do caminho percorrido, dou-me conta do precioso pote de ouro com que me deparo agora. Honestamente, sei que o pote de ouro não é meu, simplesmente, eu fui tentando acertar os passos que me levassem até ele. E eis-me aqui, como o salmista que corre a estrada porque o coração foi dilatado (Sl 118: 32).

Lista de siglas

Sigla	Documento	Autoria	Observações
a.C	-----	-----	Idade antes de Cristo.
DAp	*Documento de Aparecida*	Conferência Geral do Episcopado Latino-Americano e do Caribe.	Texto conclusivo da V Conferência Geral do Episcopado Latino-Americano e do Caribe.
CDF	*Congregação para a Doutrina da Fé*		Órgão da Santa Sé em difundir e defender a doutrina católica.
CIC	*Catecismo da Igreja Católica*	Papa João Paulo II, 11/10/1992.	Documento que expõe sistematica-mente a fé e a doutrina católica.
CNBB	*Conferência Nacional dos Bispos do Brasil*		Instituição permanente que congrega os Bispos da Igreja católica no Brasil.
CTI	*Comissão Teológica Internacional*		

Sigla	Documento	Autoria	Observações
CV	*Caritas in Veritate*	Papa Bento XVI; 29/06/2009.	Carta encíclica sobre o desenvolvimento humano integral na caridade e na verdade.
DS	Compêndio dos símbolos, definições e declarações de fé e moral	Denzinger – Hünermann, 2013, 2ª edição revisada e ampliada.	
DV	*Dei Verbum*	Papa Paulo VI; 18/11/1965.	Constituição dogmática sobre a revelação divina.
EG	*Evangelii Gaudium*	Papa Francisco; 24/11/2013.	Exortação apostólica sobre o anúncio do evangelho no mundo atual.
GE	*Gaudete et Exsultate*	Papa Francisco; 19/03/2018.	Exortação apostólica sobre a chamada à santidade no mundo atual.
GS	*Gaudium et Spes*	Papa Paulo VI; 07/12/1965.	Constituição pastoral sobre a Igreja no mundo atual.
LF	*Lumen Fidei*	Papa Francisco; 29/06/2013.	Carta encíclica sobre a fé.
LG	*Lumen Gentium*	Papa Paulo VI; 21/11/1964.	Constituição dogmática sobre a Igreja.
LS	*Laudato Si*	Papa Francisco; 24/05/2015.	Carta encíclica sobre o cuidado da casa comum.
OT	*Optatam Totius*	Concílio Vaticano II, 1965.	Decreto sobre a formação sacerdotal.
VD	*Verbum Domini*	Papa Bento XVI; 30/09/2010.	Exortação apostólica pós-sinodal sobre a Palavra de Deus na vida e na missão da Igreja.
VS	*Veritatis Splendor*	Papa João Paulo II; 06/08/1993.	Carta encíclica sobre algumas questões fundamentais do ensinamento moral da Igreja.

Referências

AGOSTINHO, Santo. **Confissões; De magistro = Do mestre.** Tradução de J. Oliveira Santos, A. Ambrósio de Pina e Ângelo Ricci. 2. ed. São Paulo: Abril Cultural, 1980. (Coleção Os Pensadores).

AGOSTINHO, Santo. **Confissões.** Tradução de Maria Luiza Jardim Amarante. 2. ed. São Paulo: Paulus, 2007. (Coleção Patrística, v. 10).

ARISTÓTELES. **Ética a Nicômaco.** Tradução de Leonel Vallandro e Gerd Bornheim. São Paulo: Nova Cultural, 1987.

BARUFFI, A. Deus infinito e próximo. **CNBB Sul 3**, 22 maio 2018. Disponível em: <https://cnbbsul3.org.br/deus-infinito-e-proximo/>. Acesso em: 1º jul. 2020.

BAUMAN, Z. **Tempos líquidos.** Tradução de Carlos Alberto Medeiros. São Paulo: Zahar, 2007.

BENTO XVI, Papa. **Exortação apostólica pós-sinodal Verbum Domini:** sobre a Palavra de Deus na vida e na missão da Igreja. 6. ed. São Paulo: Paulinas, 2010.

BÍBLIA. Português. **Bíblia de Jerusalém.** São Paulo: Paulus, 1995.

BOFF, C. Conselhos a um jovem teólogo. **Perspectiva Teológica**, Belo Horizonte, v. 31, n. 83, p. 77-96, jan./abr. 1999. Disponível em: <http://periodicos.faje.edu.br/index.php/perspectiva/article/view/840/1269>. Acesso em: 8 ago. 2020.

BOFF, C. Teologia e espiritualidade: por uma teologia que ilumine a mente e inflame o coração. **Revista Pistis & Praxis**, Curitiba, v. 7, n. 1, p. 112-141, jan./abr. 2015. Disponível em: <https://periodicos.pucpr.br/index.php/pistispraxis/article/download/12986/12314>. Acesso em: 8 ago. 2020.

BOFF, C. **Teoria do método teológico**: versão didática. 6. ed. Petrópolis: Vozes, 2014.

BRASIL. Ministério da Educação. **Diretrizes curriculares para os cursos de Teologia**. Minuta das Diretrizes Curriculares Nacionais do Curso de Graduação em Teologia, Bacharelado. Brasília, 2010. Disponível em: <http://portal.mec.gov.br/index.php?option=com_docman&view=download&alias=6951-dcn-teologia&Itemid=30192>. Acesso em: 11 ago. 2020.

BRIGHENTI, A. **A pastoral dá o que pensar**: a inteligência da prática transformadora da fé. São Paulo: Paulinas, 2009. (Coleção Livros Básicos de Teologia, v. 15).

CARMO, S. do. Sensus fidei e sensus fidelium. **Fique Firme**, 8 abr. 2016. Disponível em: <http://fiquefirme.com.br/multimedia-archive/20_sensus_fidei_e_sensus_fidelium/>. Acesso em: 2 jun. 2020.

CIC – CATECISMO DA IGREJA CATÓLICA. Petrópolis: Vozes; São Paulo: Loyola, 1992.

COMPÊNDIO CONCÍLIO VATICANO II. **Constituições, decretos e declarações**. 30. ed. Petrópolis: Vozes, 1987.

CTI – COMISSÃO TEOLÓGICA INTERNACIONAL. **O sensus fidei na vida da Igreja**. Brasília: CNBB, 2015.

CTI – COMISSÃO TEOLÓGICA INTERNACIONAL. **Teologia hoje**: perspectivas, princípios e critérios. Brasília: CNBB, 2012.

DENZINGER, H. **Compêndio dos símbolos, definições e declarações de fé e moral**. 3. ed. São Paulo: Paulinas; Loyola, 2015.

EICHER, P. (Dir.). **Dicionário de conceitos fundamentais de teologia**. Tradução João Rezende Costa. 2. ed. São Paulo: Paulus, 2005.

FITZMYER, J. A. **Escritura, a alma da teologia**. Tradução de Bárbara Theoto Lambert. São Paulo, Loyola, 1997.

FRANCISCO, Papa. **Educar hoje e amanhã. Uma paixão que se renova**. Vaticano, 21 nov. 2015. Disponível em: <http://www.vatican.va/content/francesco/pt/speeches/2015/november/documents/papa-francesco_20151121_congresso-educazione-cattolica.html>. Acesso em: 2 jun. 2020.

FRANCISCO, Papa. **Exortação Apostólica Evangelii Gaudium**: a alegria do Evangelho – sobre o anúncio do Evangelho no mundo atual. Brasília: CNBB, 2013.

FRANCISCO, Papa. **Exortação Apostólica Gaudete et Exsultate**: sobre o chamado à santidade no mundo atual. São Paulo: Paulus, 2018.

GARCÍA RUBIO, A. **Unidade na pluralidade**: o ser humano à luz da fé e da reflexão cristãs. São Paulo: Paulus, 2001.

GOMES, T. de F. Por uma relação entre inteligência da fé e racionalidade científica no contexto atual. **Encontros Teológicos**, Florianópolis, v. 32, n. 1, p. 121-138, jan./abr. 2017. Disponível em: <https://facasc.emnuvens.com.br/ret/article/view/534/514>. Acesso em: 8 ago. 2020.

GUERRA, M. **Curso de teologia para leigos**. Caxias do Sul, 2018. Disponível em: <introdução-a-teologia_catedral20185acbb218734b2.pdf>. Acesso em: 2 jun. 2020.

GUERRA, M. Introdução à teologia: fé e razão. **Curso de Teologia para leigos**, Caxias do Sul, 2018. Disponível em: <http://www.catedraldecaxias.org.br/subsidios/download-pdf/id/49>. Acesso em: 2 jun. 2020.

GUITTON, J. **O trabalho intelectual**: conselho para os que estudam e para os que escrevem. Tradução de Lucas Félix de Oliveira Santana. Campinas: Kírion, 2018.

JOÃO XXIII, Papa. **Discurso de sua Santidade o Papa João XXIII na abertura solene do Concílio Vaticano II**. Vaticano, 1962. Disponível em: <http://www.vatican.va/content/john-xxiii/pt/speeches/1962/documents/hf_j-xxiii_spe_19621011_opening-council.html>. Acesso em: 24 jun. 2020.

JOÃO PAULO II, Papa. **Fides et ratio**: sobre as relações entre fé e razão. São Paulo: Paulinas, 1998.

JOÃO PAULO II, Papa. **Instrução da Congregação para a doutrina da fé "donum veritatis"**. São Paulo: Paulinas, 1990.

LAVELLE, L. **A consciência de si**. Tradução de Lara Christina de Malimpensa. São Paulo: É Realizações, 2014. (Coleção Filosofia Atual).

LEWIS, C. S. **Cristianismo puro e simples**. Tradução de Álvaro Oppermann e Marcelo Brandão Cipolla. São Paulo: Martins Fontes, 2005.

LIBANIO, J. B. **Introdução à teologia fundamental**. São Paulo: Paulus, 2014.

LIBANIO, J. B. **Introdução à vida intelectual**. 3. ed. São Paulo: Loyola, 2006.

LIBANIO, J. B. **Teologia da revelação a partir da modernidade**. São Paulo: Loyola, 1994.

LIBANIO, J. B.; MURAD, A. **Introdução à teologia**: perfil, enfoques, tarefas. 4. ed. São Paulo: Loyola, 2003.

LUCAS, L. B.; PASSOS, M. M. Filosofia dos valores: uma compreensão histórico-epistemológica da ciência axiológica. **Conjectura: Filos. Educ.**, Caxias do Sul, v. 20, n. 2, p. 123-160, 2015.

MANCUSO, V.; PACOMIO, L. (Org.). **Lexicon**: dicionário teológico enciclopédico. Tradução de João Paixão Neto e Alda da Anunciação Machado. São Paulo: Loyola, 2003.

MARIANI, C. M. C. B. Experiência de Deus. **Enciclopédia Digital Theologica Latinoamericana**. Disponível em: <http://theologicalatinoamericana.com/?p=181>. Acesso em: 25 jun. 2020.

MENDONÇA, J. T. **Elogio da sede**. São Paulo: Paulinas, 2018.

MENEGATTI, L. F. **Doutrina social da Igreja**. Curitiba: InterSaberes, 2018.

MOLTMANN, J. **O espírito da vida**: uma pneumatologia integral. Petrópolis: Vozes, 1998.

MONDIN, B. **Os grandes teólogos do século vinte**. Tradução de José Fernandes. São Paulo: Paulinas, 1979. v. 1: Os teólogos católicos.

MONREAL, S. A modernidade e a Igreja católica. **Enciclopédia Digital Theologica Latinoamericana**. Disponível em: <http://theologicalatinoamericana.com/?p=1375>. Acesso em: 30 jun. 2020.

MORIN, E. **A cabeça bem-feita**: repensar a reforma, reformar o pensamento. Tradução de Eloá Jacobina. 8. ed. Rio de Janeiro: Bertrand Brasil, 2003.

OFÍCIO DIVINO. **Oração das horas**. São Paulo: Vozes; Paulinas; Paulus; Ave-Maria, 2004.

OTTO, R. **O Sagrado**. Tradução de Walter O. Schlupp. Petrópolis: Vozes; EST; Sinodal, 2007.

PACHECO, M. C. M. Linhas dominantes da patrística grega. **Filosofia – Revista da Faculdade de Letras da Universidade do Porto**, v. 22, p. 45-51, 2005. Disponível em: <http://ojs.letras.up.pt/index.php/filosofia/article/view/502/495>. Acesso em: 30 jun. 2020.

PADRES APOLOGISTAS. Tradução de Ivo Storniolo e Euclides M. Balancin. São Paulo: Paulus, 1997. v. II. (Coleção Patrística).

PATH – Pontifícia Academia Theologica. **Aspetti del pensiero teologico di Joseph Ratzinger**. Roma, 2007. v. 6.

PAULO VI, Papa. **Constituição Dogmática Dei Verbum**: sobre a revelação divina. Vaticano, 1965a. Disponível em: <https://www.vatican.va/archive/hist_councils/ii_vatican_council/documents/vat-ii_const_19651118_dei-verbum_po.html>. Acesso em: 8 ago. 2020.

PAULO VI, Papa. **Constituição Dogmática Lumen Gentium**: sobre a Igreja. Vaticano, 1964. Disponível em: <http://www.vatican.va/archive/hist_councils/ii_vatican_council/documents/vat-ii_const_19641121_lumen-gentium_po.html>. Acesso em: 8 ago. 2020.

PAULO VI, Papa. **Constituição Pastoral Gaudium et Spes**: sobre a Igreja no mundo actual. Vaticano, 1965b. Disponível em: <http://www.vatican.va/archive/hist_councils/ii_vatican_council/documents/vat-ii_const_19651207_gaudium-et-spes_po.html>. Acesso em: 8 ago. 2020.

PAULO VI, Papa. **Declaração Gravissimum Educationis**: sobre a educação cristã. Vaticano, 1965c. Disponível em: <http://www.vatican.va/archive/hist_councils/ii_vatican_council/documents/vat-ii_decl_19651028_gravissimum-educationis_po.html>. Acesso em: 8 ago. 2020.

PAULO VI, Papa. **Decreto Optatam Totius**: sobre a formação sacerdotal. Vaticano, 1965d. Disponível em: <https://www.vatican.va/archive/hist_councils/ii_vatican_council/documents/vat-ii_decree_19651028_optatam-totius_po.html>. Acesso em: 8 ago. 2020.

RAHNER, K. **Curso fundamental da fé**: introdução ao conceito de cristianismo. Tradução de Alberto Costa. São Paulo: Paulinas, 1989. (Coleção Teologia Sistemática).

RATZINGER, J. **Introdução ao cristianismo**: preleções sobre o Símbolo Apostólico. Tradução de Alfred J. Keller. São Paulo: Herder, 1970.

RATZINGER, J. **Natura e compito della teologia**: il teólogo nella disputa contemporânea storia e dogma. Milano: Jaca Book, 1993.

SANTOS, V. S. Sobre Deus e seus lugares: recortes teológicos em Paul Tillich e Karl Rahner. **Revista Correlatio**, v. 14, n. 28, p. 117-136, dez. 2015. Disponível em: <https://www.metodista.br/revistas/revistas-ims/index.php/COR/article/download/6311/5109>. Acesso em: 8 ago. 2020.

SÃO VITOR, H. de. **Didascalicon**: da arte de ler. Tradução de Antonio Marchionni. 2. ed. Bragança Paulista: Editora Universitária São Francisco, 2007. (Coleção Pensamento Humano).

SCHILLEBEECKX, E. **História humana, revelação de Deus**. São Paulo: Paulus, 2012.

SECONDIN, B. **Espiritualidade em diálogo**: novos cenários da experiência espiritual. São Paulo: Paulinas, 2001.

SERTILLANGES, A.-D. **A vida intelectual**: seu espírito, suas condições, seus métodos. Tradução de Lilia Ledon da Silva. São Paulo: É Realizações, 2010.

SESBOÜÉ, B. (Dir.). **A palavra da salvação**: séculos XVIII-XX. Tradução de Aldo Vanucchi. São Paulo: Loyola, 2006. (Coleção História dos Dogmas, t. 4).

SESBOÜÉ, B. (Dir.). **O magistério em questão**: autoridade, verdade e liberdade na Igreja. Petrópolis: Vozes, 2001.

SILVA, M. F. da. A linguagem mariológica dos padres capadócios. **ATeo – Atualidade Teológica**, Rio de Janeiro, v. 22, n. 60, p. 607-622, set./dez. 2018. Disponível em: <https://www.maxwell.vrac.puc-rio.br/35780/35780.PDF>. Acesso em: 8 ago. 2020.

SPITERIS, Y. Apofatismo. MANCUSO, V.; PACOMIO, L. (Org.). **Lexicon**: dicionário teológico enciclopédico. Tradução de João Paixão Neto e Alda da Anunciação Machado. São Paulo: Loyola, 2003. p. 41-42.

TOMÁS DE AQUINO, São. **Suma Teológica**. Campinas: Permanência/Ecclesiae, 2016a. v. 1.

TOMÁS DE AQUINO, São. **Suma Teológica**. Campinas: Permanência/Ecclesiae, 2016b. v. 2.

TOMÁS DE AQUINO, São. **Suma Teológica**. Campinas: Permanência/Ecclesiae, 2016c. v. 3.

ZABOT, A. et al. **Bíblia e natureza**: os dois livros de Deus – reflexões sobre ciência e fé. São Paulo: Mensageiros de Santo Antônio, 2016.

ZAK, L. O Vaticano II e a teologia: entre história e atualidade. **Revista Teocomunicação**, Porto Alegre, v. 43, n. 1, p. 5-25, jan./jun. 2013. Disponível em: <http://revistaseletronicas.pucrs.br/ojs/index.php/teo/article/viewFile/14185/9421>. Acesso em: 2 jun. 2020.

ZAMPIERI, G. **Introdução à teologia**. Porto Alegre: Escola Superior de Teologia e Espiritualidade Franciscana, 2004. Apostila.

ZILLES, U. **Crer e compreender**. Porto Alegre: EDIPUCRS, 2004. (Coleção Filosofia, n. 175).

Bibliografia comentada

BÍBLIA. Português. **Bíblia de Jerusalém.** São Paulo: Paulus, 1995.

A Sagrada Escritura é a alma e a fonte de toda a teologia cristã, em questão de fé e moral e de todas as questões da existência humana. Entre muitas traduções, a Bíblia de Jerusalém é considerada a melhor edição da Sagrada Escritura para o aprofundamento bíblico. Ela apresenta as contribuições das ciências bíblicas, fiel aos idiomas originais, com valiosos comentários bíblicos, assim como introduções, notas de rodapé e mapas, tanto do Antigo quanto do Novo Testamento.

BOFF, C. **Teoria do método teológico: versão didática.** 6. ed. Petrópolis: Vozes, 2014.

O teólogo Clodovis Boff é referência em relação ao conteúdo introdutório da teologia cristã no Brasil e na América Latina. Em versão didática, nessa edição a obra apresenta uma síntese do método teológico. Com um panorama histórico de toda a teologia cristã, Boff expõe os fundamentos clássicos da teologia, de maneira atualizada e dialógica.

CIC – CATECISMO DA IGREJA CATÓLICA. Petrópolis: Vozes; São Paulo: Loyola, 1992.

Esse documento expõe de modo orgânico e sintético, o ensinamento da fé cristã a partir da Sagrada Escritura, da Tradição e do Magistério autêntico, trazendo a contribuição espiritual dos Padres da Igreja, assim como de seus santos e santas. Ele se estrutura em quatro partes: a primeira parte trata sobre a profissão de Fé, baseada no Credo; a segunda parte apresenta a celebração do Ministério Cristão, que trata da Liturgia; a terceira parte reflete sobre a vida em Cristo, apresentando o agir cristão a partir dos Mandamentos; e por fim, a quarta parte contempla a Oração Cristã, cujo conteúdo se expõe na oração do Pai-Nosso.

COMPÊNDIO CONCÍLIO VATICANO II. **Constituições, decretos e declarações.** Petrópolis: Vozes, 1969.

Esse documento compõe todas as constituições, decretos e declarações do Concílio Vaticano II e insere uma reflexão atualizada sobre o ser e a missão da Igreja no mundo. A consulta a esse documento eclesial é necessária para uma visão atualizada da teologia, em contínua fidelidade à Revelação.

DENZINGER, H. **Compêndio dos símbolos, definições e declarações de fé e moral.** 3. ed. São Paulo: Paulinas, 2015.

Trata-se de uma obra volumosa e, excepcionalmente, técnica dedicada a pronunciamentos, dos mais diversos tipos, do magistério eclesiástico, que garante ao estudioso da teologia católica encontrar fontes seguras de textos nos seus diversos modos (pronunciamentos, declarações, constituições etc.) e com diferentes pesos (normativos e de autoridade) em questões de fé e moral.

JOÃO PAULO II, Papa. *Fides et ratio*: sobre as relações entre fé e razão. São Paulo: Paulinas, 1998.

A encíclica *Fides et ratio*, escrita pelo Papa São João Paulo II, trata da relação entre fé e razão na busca da verdade. É referência para a teologia fundamental por apresentar um conceito de fé e de racionalidade capazes de dialogarem-se entre si, contribuindo para uma reflexão mais profunda sobre os fundamentos da fé.

MANCUSO, V.; PACOMIO, L. (Org.). **Lexicon:** dicionário teológico enciclopédico. São Paulo: Loyola, 2003.

Esse dicionário aborda temas teológicos de diversas disciplinas. Os verbetes seguem o objetivo comum de expor seu significado no campo da teologia, sua abrangência semântica e seu alcance interpretativo ao longo da história. Por seu rigor informativo, é obra de grande utilidade na pesquisa teológica.

MONDIN, B. **Os grandes teólogos do século vinte.** Tradução de José Fernandes. São Paulo: Paulinas, 1979. v. 1: Os teólogos católicos.

O autor elabora uma obra selecionando e apresentando grandes teólogos do século XX, com informações biográficas, resumo das principais obras e análise dos princípios de cada paradigma teológico. Dividida em dois volumes, o primeiro trata dos teólogos católicos, como K. Rahner, Von Balthasar, Y. Congar, R. Guardini, Daniélou, Chenu e T. de Chardin; o segundo volume trata dos teólogos protestantes, como K. Barth, P. Tillich, Cullman e Bultmann, e dos teólogos ortodoxos, como Evdokimov, Bulgakov, Lossky e Florovosky.

TOMÁS DE AQUINO, São. **Suma Teológica.** Campinas: Permanência/Ecclesiae, 2016. 5 v.

A Suma Teológica de São Tomás de Aquino apresenta uma síntese de toda a teologia clássica. Escrita entre 1265 e 1273, teve como objetivo inicial apresentar a doutrina da fé aos iniciantes em teologia e, atualmente, é referência também para quem quer aprofundá-la. É inegável o reconhecimento dessa monumental obra sistemática de toda a doutrina cristã. Essa obra está, originalmente, dividida em três grandes partes: a primeira é composta pelo volume I; a segunda, pelos volumes II e III; a terceira, pelo volume IV; e um suplemento foi adicionado posteriormente à morte de São Tomás de Aquino.

Respostas

Capítulo 1

Atividades de autoavaliação
1. b
2. b
3. e
4. a
5. e

Atividades de aprendizagem
Questões para reflexão
1. O primeiro texto de Ratzinger descreve o dilema humano contemporâneo que reconhece o quão permanente é o tema *Deus* na história inteira da humanidade. Mesmo com a tentativa da morte de Deus, ele vigora como uma questão mais viva do que nunca em

nossos tempos. O segundo texto, extraído do Catecismo da Igreja Católica, revela que o desejo de Deus está inscrito no coração humano, uma vez que fomos criados por Deus e para Deus. Desse modo, vimos que Deus não cessa de atrair o ser humano para ele, e isso diz respeito à nossa vocação mais profunda; está na origem de nossa identidade e dignidade humana: a comunhão com Deus. A dimensão religiosa (*religare*) é um aspecto universal do ser humano, por mais ambíguo que pareça, pois, quando dele queremos fugir, estamos fugindo de nós mesmos e de nossa vocação fundamental.

2. De acordo com São Tomás de Aquino, a teologia é uma ciência que deriva de seu objeto principal: o próprio Deus. Toda ciência tem, por rigor, um objeto de estudo, uma natureza e, consequentemente, um conceito definido. Na teologia, o pressuposto que confere a sua natureza científica é a fé em Deus, revelada em Jesus Cristo.

Capítulo 2
Atividades de autoavaliação

1. c
2. b
3. d
4. c
5. a

Atividades de aprendizagem
Questões para reflexão

1. A importância dos Padres da Igreja se dá pelo fato de que eles foram os primeiros a estruturar a mensagem divina em linguagem filosófica, ou seja, para além de uma linguagem comum da anunciada. Como foram os primeiros "teólogos" a desempenhar essa tarefa, no

contato com a mensagem revelada, suas reflexões são relevantes para o pensamento teológico atual.
2. A finalidade do Concílio Vaticano II, proposta por São João XXIII, não foi discutir a doutrina fundamental da Igreja, que, segundo ele, se supõe sempre presente e familiar a nós. O foco principal foi refletir e propor um renovado aprofundamento da exposição da fé, de modo a responder e dialogar com as exigências do tempo atual.

Capítulo 3
Atividades de autoavaliação
1. d
2. c
3. c
4. e
5. c

Atividades de aprendizagem
Questões para reflexão
1. Quando adotamos falar de Deus pela experiência de fé, devemos ter presente que ela, em si, não define nem tematiza Deus de modo totalizante, pois ele sempre transcende nossas referências e definições. A experiência de fé não é um teste de laboratório para comprovar a existência de Deus ou de sua ação. Ele é mistério absoluto, o totalmente Outro, e a experiência de Deus não entra na categoria da observação, mas no quanto ela nos transforma significativamente.
2. O trecho extraído da obra de José Tolentino Mendonça nos chama à atenção para a pressa em todos os âmbitos da vida, inclusive na pesquisa teológica, na qual corremos o risco de, em vez de irmos às fontes, nos satisfazermos com as pílulas de breves artigos de autores que resumem, para nós, as impressões, em linhas gerais, de um tema

que poderia e deveria ser aprofundado. Mas, como queremos tudo pronto instantaneamente em um clique, basta-nos uma rápida pesquisa no Google para saturarmos a reflexão de um tema. Há quem pense que se possa fazer um curso de teologia num final de semana, eximindo-se do caminho laborioso que exige a tarefa teológica.

Capítulo 4
Atividades de autoavaliação
1. b
2. c
3. b
4. c
5. e

Atividades de aprendizagem
Questões para reflexão

1. A leitura testemunhal da Carta a Diogneto mostra a relevância do testemunho da fé cristã em todos os âmbitos da vida. Nessa perspectiva, a teologia exprime sua força em categorias vitais. Por isso, neste capítulo, refletimos sobre a teologia como força vital do Mistério, da sabedoria, do compromisso social, dos valores e virtudes e da santidade.

2. Nessa carta, o Papa Francisco reflete que ensinar e estudar teologia significa viver na fronteira da fé e da vida. Ele chama à atenção para que se evite reduzir a teologia às disputas acadêmicas, distante dos dilemas existenciais da humanidade. De acordo com Francisco, teologia e santidade não se separam, mas integram fé e vida, teoria e prática, e devem se traduzir nessa dupla tarefa. A teologia deve estar bem fundamentada na Revelação, acompanhando os processos atuais marcados por conflitos e desafios, mas sendo um sinal da esperança do Evangelho, da Boa nova, assim como o frescor

da santidade de Deus no mundo. Não esquecendo também que a misericórdia deve dar o tom de nossos estudos, reflexões e ações, sem a pretensão de domesticar ou endurecer o Mistério.

Capítulo 5
Atividades de autoavaliação
1. b
2. d
3. e
4. d
5. b

Atividades de aprendizagem
Questões para reflexão

1. Quem decide adentrar no caminho da teologia, descobrirá que há um universo de disciplinas que convergem em áreas e que podem ser trabalhadas de formas diversas, mas com alguns princípios em comum para poder se situar nesse novo espaço do saber. O autor compara o aluno que chega para cursar teologia como um cidadão urbano, que desconhece o mundo rural, necessitando de um mapa que o ajude a guiar-se no meio das trilhas. De fato, é uma imensidão nova que exige um sumário prévio a fim de favorecer o caminho dos estudos teológicos.

2. A questão da pluralidade teológica percorre o cristianismo desde seu início e exprime a vitalidade da fé cristã, que é refletida de modo versátil, mas com um único fundamento, que não se confunde. Por essa razão, embora a teologia não seja uniformidade, essa pluralidade não deve se confundir com relativismo, heterodoxia ou heresia. Torna-se problemático na teologia um pluralismo que não dialoga e não encontra pontos fundamentais em comum.

Capítulo 6

Atividades de autoavaliação

1. c
2. d
3. c
4. a
5. e

Atividades de aprendizagem

Questões para reflexão

1. Para um teólogo, torna-se imperativo, antes de falar *de* Deus, falar *com* Deus. Segundo Boff (1999), essa é a precondição básica para qualquer boa teologia. Ainda que haja defensores que buscam invalidar essa característica, ela não cabe para a teologia cristã pelo princípio da encarnação. Nessa linha, aparece de modo imperativo a fé, que implica uma adesão existencial ao Deus revelado em Jesus Cristo. Ela confere também a experiência de Deus pela fé e pelo amor, uma vez que a teologia invoca para a incompletude de todo conhecimento, quando não considera a realidade última das coisas, que é o próprio Deus. Ter presente essas premissas faz com que o teólogo aspire, pela fé, atingir voos maiores, para perceber e apontar as realidades mais profundas da vida.
2. Resposta pessoal.

Sobre a autora

Larissa Fernandes Menegatti é casada e mãe. Mestre e bacharel em Teologia pela Pontifícia Universidade Católica do Paraná (PUC-PR) e graduanda de licenciatura em Filosofia pela Faculdade Bagozzi. Atua como missionária católica, desde 1998, pela Comunidade Católica Arca da Aliança. Foi membro do Grupo de Pesquisa em teologia e bioética da PUCPR (2014-2016) e assessora pastoral e professora na Faculdade Bagozzi (2015-2018). É professora e conteudista do curso de Teologia Católica no Centro Universitário Internacional Uninter. Atua como produtora de conteúdo digital com temas sobre teologia e espiritualidade.

Impressão:
Agosto/2020